AUX SOURCES DE LA JOIE

« Spiritualités vivantes »

DU MÊME AUTEUR

AUX ÉDITIONS ALBIN MICHEL

L'Enseignement de Mâ Ananda Moyî

MÂ ANANDA MOYÎ

AUX SOURCES DE LA JOIE

Traduction et préface de Jean Herbert

Albin Michel

Albin Michel
▪ *Spiritualités* ▪

Collections dirigees
par Jean Mouttapa et Marc de Smedt

Première édition :

Nouvelle édition :

22, rue Huyghens, 75014 Paris
ISBN : 2-226-08790-7
ISSN : 0755-1835

Préface

Lorsqu'on voit le visage rayonnant de Mâ Ananda Moyî et que l'on entend son rire léger, on devine qu'elle est une incarnation de la Joie. Lorsqu'on reçoit la caresse de son regard, on sait que son cœur déborde d'Amour pour toutes les créatures. Lorsqu'on entend son enseignement simple et clair, on comprend qu'elle possède toute Sagesse. Mais on ne peut dire si c'est la Joie, l'Amour ou la Sagesse qui est l'origine et la cause de tout le reste, car chez elle les trois sont inextricablement, indissolublement mêlés, et ne sauraient exister l'un sans l'autre.

La Joie que vit Ananda Moyî n'est pas celle que nous connaissons dans la vie du monde, où plaisirs et douleurs, espoirs et regrets et déceptions, attirances et répulsions se suivent sans trêve et naissent les uns des autres. Ce n'est pas non plus l'égocentrique sérénité de l'ataraxie stoïcienne qui dresse autour d'elle un rempart d'indiffé-

rence. C'est une Joie débordante, irrépressible, qui s'exprime dans la gaieté et qui ne connaît pas d'échecs, parce qu'elle plonge profondément ses racines dans l'Absolu, au-delà des dualités du bien et du mal, du moi et du non-moi, du plaisant et du déplaisant, parce qu'elle a pour bases inébranlables l'Amour et la Sagesse.

L'Amour qu'exhale Ananda Moyî n'est pas l'attachement égoïste et quémandeur que ressentent les hommes, cette passion qui souvent engendre la haine, qui conduit à l'amertume et au désespoir plus facilement qu'à la paix. Ce n'est pas non plus la bienveillance hautaine et protectrice de celui qui prend son plaisir à donner et croirait s'abaisser en recevant. C'est un Amour vivant, actif, généreux, dont le flot constant établit un lien chaud et réconfortant avec le cœur de tous ceux qui s'ouvrent à lui. Car l'Amour d'Ananda Moyî plonge profondément ses racines dans le fait même de l'Unité : unité de toutes les créatures, unité de l'homme et de Dieu, unité de celui qui aime et de celui qui est aimé, et ne voit dans la différenciation que le jeu joyeux de la Divinité, car il a pour bases inébranlables la Joie et la Sagesse.

La Sagesse que connaît Ananda Moyî n'est pas la science que l'on trouve dans les livres, toujours incomplète et hésitante, qui constamment découvre des régions encore inexplorées, se heurte à des contradictions, détruit ses hypothèses pour en échafauder de nouvelles, et se désintéresse des bienfaits ou des cataclysmes qu'amènent ses conquêtes. Ce n'est pas non plus la vision éthérée puisée dans l'extase et sans rapports avec le monde dans lequel vivent et luttent les autres humains. C'est une Sagesse qui embrasse à la fois les sujets les plus ardus de la métaphysique, les problèmes les plus angoissants de la morale et les détails les plus menus de la vie quotidienne, qui voit chaque chose à sa place et dans ses rapports justes, parce qu'elle connaît la Réalité dont notre monde est une apparence et dont tous les êtres, tous les faits, tous les devenirs sont des manifestations partielles et changeantes déformées par nos sens et notre pensée, sens et pensée dont elle possède aussi la clé. Cette Sagesse a la connaissance intime et claire de tout ce qui est, parce qu'elle a pour bases inébranlables la Joie qui supprime tout conflit et l'Amour qui réalise toute unité.

Vivant en fait, intégralement et non pas seulement intellectuellement, dans cette conscience d'unité, *Mâ Ananda Moyî n'est plus tentée de s'identifier, comme le font les hommes, avec son propre corps ou ses propres pensées. Et cette dépersonnalisation lui permet de fixer immédiate-*

ment son centre de conscience dans l'esprit de ceux qui viennent lui demander de les guider. S'identifiant à eux, et riche de tout ce qu'elle est devenue par sa propre sâdhanâ[1]*, elle voit à la fois la vérité de l'interlocuteur, c'est-à-dire sa nature divine parfaite, et son apparence, c'est-à-dire l'illusion dans laquelle il se débat entre des problèmes de toute sorte. Et par la suite sa réponse aux questions qu'on lui pose se situe presque simultanément sur trois plans : celui de la réalité nouménale dans le monisme, celui de l'attitude religieuse dualiste et celui de la morale pratique. A celui qui interroge de suivre le conseil correspondant à l'état de conscience dans lequel il se trouve : vivre l'unité, écouter la voix de Dieu, ou obéir aux règles de la vie sociale*[2]*.*

Les pages qui suivent contiennent quelques-unes des réponses de Mâ Ananda Moyî telles qu'elles ont été recueillies et groupées par J.-C. Roy et traduites en anglais par H.R. Joshi dans le petit livre intitulé Sat-Bani[3]*. Leur précision est telle que, malgré leur brièveté, elles donnent une*

---

1. Voir note 2, p. 27.

2. Un exemple en a été donné par Lizelle Reymond dans son étude sur Mâ Ananda Moyî (*Études et Portraits*, Paris, 1943).

3. Chuckervertty, Chatterjee & C°, Calcutta.

image claire non seulement des problèmes posés, mais aussi des hommes et des femmes qui étaient venus les soumettre. Et leur intransigeance est grande, car si Ananda Moyî connaît, pour y avoir goûté, le fruit délicieux de la réalisation spirituelle, elle sait aussi, pour y avoir passé, que la voie qui y conduit est rude, et nécessite un effort sans défaillance. Mais ces paroles, dont la sévérité fouille les coins les plus secrets de l'être, sont toujours données d'une voix joyeuse et enveloppées dans un regard d'amour, car la femme jeune et belle qui les prononce sait que tous peuvent parvenir à la Joie et elle aide de tout son cœur et de toute sa force ceux qui sont sur le chemin. Puissent son exemple et ses préceptes aider quelques lecteurs.

Jaubergue, août 1943.
Jean Herbert

1.

Dans la vie matérielle, nous nous sentons impuissants si nous n'avons pas une certaine liberté de mouvement. C'est tout aussi vrai sur le plan spirituel : si la pensée n'y dispose pas d'un vaste champ, les efforts que fait l'adorateur ne jouent que dans d'étroites ornières et sont voués à l'échec. Sur la voie spirituelle que vous avez choisie, attachez-vous de toute votre énergie à épurer votre pensée et à élargir votre horizon. Au fur et à mesure que votre pouvoir de concentration visera plus exclusivement votre but, tout ce qui est nécessaire à votre progrès vous viendra peu à peu.

2.

Être attiré, c'est être transformé. Chaque fois que vous êtes attiré par une personne ou un objet ou une pensée, vous êtes obligé de sacrifier quelque chose de vous-même. Et il ne vous sera rendu que dans la mesure où vous aurez abandonné ; c'est une loi de la vie. Tout obtenir et ne rien sacrifier ne correspond pas à la réalité. La raison en est que deux choses ne peuvent exister au même endroit au même instant ; et sans sacrifice on ne peut rien obtenir. Plus votre vie et votre âme seront pleines de la divine présence, et moins vous aurez soif de possessions matérielles. Votre âme ne sera complètement perdue en Dieu que si elle est attirée par Lui, transformée par Lui, imprégnée de Sa félicité. Il est exact que sans la Grâce divine vous ne pourrez pas être attiré vers Dieu, mais pour mériter cette Grâce, il faut faire un effort continuel, et rester sans cesse sur le qui-vive. Et pour cela, il faut toujours Le chercher, toujours s'entretenir avec Lui, tout comme le commerçant consulte constamment les cours des denrées.

3.

Faites vibrer une des cordes de la pensée, qui donne un son bien précis, et allez de l'avant. Quand toute votre attention est concentrée sur le but, vous perdez de vue toutes les limitations de l'espace et du temps. Alors l'Un se résout dans le Multiple et le Multiple se cristallise en l'Un. Pour acquérir le pouvoir d'atteindre l'infini, il faut d'abord connaître le fini et se laisser diriger par lui. Tant que l'âme s'identifie avec le corps, il est indispensable de se laisser guider par ce que les règles enjoignent ou proscrivent. Et cela demande de la patience et de la constance. La nature a beau être elle-même changeante et fuyante, elle ne vient jamais en aide au pèlerin agité ou hésitant.

4.

L'ascension de l'adorateur comporte dix étapes : on commence avec une attirance pour Dieu. Puis, l'âme est impatiente de s'approcher de Lui. Ensuite, on éprouve l'envie de Le réaliser facilement et rapidement, et bientôt cela se change en un désir de Le trouver par des artifices de yoga. L'esprit alors a soif de s'élever très haut dans la contemplation divine. Cet état est vite remplacé par un amour débordant, où l'on verse des larmes. Et cela nous conduit peu à peu à nager en quelque sorte dans la Béatitude divine. A la huitième étape, la pensée constante du Bien-Aimé règne suprême en nous, et l'âme est amenée à oublier le moi individuel. Enfin vient la réalisation du Moi, qui est le salut.

5.

Tant que l'on ne souffre pas, l'âme n'éprouve pas le désir de connaître la cause ultime de l'univers. La maladie, le chagrin, les privations, etc., sont autant d'éléments indispensables à l'ascension spirituelle. Le feu brûle toutes les impuretés ; de même les trois sortes[1] de souffrances auxquelles est sujet tout mortel purgent l'âme humaine de toute tendance au péché. Quand l'âme a été purifiée, elle est tournée vers Dieu. L'homme n'arrive à ressentir une ardente soif de s'abandonner au Seigneur avec foi, avec ferveur, que lorsqu'il connaît sa propre impuissance, lorsqu'il est conscient de toutes ses faiblesses et de

1. Les trois sortes de douleurs sont celles qui nous sont causées par l'*âtman* (adhyâtmiques), celles qui nous sont causées par d'autres êtres terrestres (adhibûtiques) et celles qui nous sont causées par des entités divines ou surhumaines, le destin, etc. (adhidéviques).

toutes ses impulsions mauvaises, lorsque la pauvreté, la maladie et les deuils lui ont fait sentir que la vie ne vaut pas d'être vécue. Aussi faut-il souhaiter la bienvenue à la douleur et à la souffrance. C'est après une journée torride que le clair de lune nous paraît rafraîchissant et apaisant.

6.

Vous dites toujours que vous avez envie de Dieu. Mais est-ce bien vrai ? Le cherchez-vous sincèrement ? Pensez-y un peu. Si vous le cherchez sérieusement, vous êtes sûr de Le trouver. A quoi reconnaît-on celui qui cherche Dieu ? A ce qu'il éprouve un désir aussi violent que celui de l'homme en train de se noyer et qui voudrait retrouver la terre ferme, ou que celui d'une mère à la recherche de son enfant perdu. Si vous ressentez vraiment cela, vous jouirez de la présence en vous du Seigneur bien aimé. S'Il vous donne des compagnons, des richesses, le pouvoir, c'est pour assouvir votre faim de ces choses. Mais cherchez-Le pour l'amour de Lui, avec toute votre âme, et vous Le trouverez sans aucun doute[1].

---

1. Cf. *L'Enseignement* de *Râmakrishna*, éd. Albin Michel, 2e éd. et suivantes, §§ 909 à 945.

7.

Il n'est rien dans ce monde que l'on doive mépriser. Les voies et les formes de Sa manifestation n'ont pas de fin. Et le grand jeu de la vie ne pourrait pas continuer si les mouvements n'en étaient pas variés et changeants. Ne voyez-vous pas que la lumière et l'obscurité, la joie et la tristesse, le feu et l'eau sont identiques sauf en un seul point ? Rappelez-vous que la vraie dévotion correspond à une intense absorption de pensées pures. Plus nous encourageons notre esprit à se mouvoir dans des chemins étroits et malsains, et plus se multiplient nos chagrins dans ce monde. Pourquoi porter des jugements sur ce qu'ont les autres et sur ce qu'ils n'ont pas ? Conduisez-vous vous-même toujours plus haut ! Soyez pur et noble et intronisez dans votre cœur le Bien ; alors tout vous paraîtra gloire et bonté.

8.

Il y a souvent des gens qui me demandent comme vous, si leur présence me gêne. Cette question ne se pose que si vous voulez en réalité rester loin de moi. Réfléchissez un peu : vous demanderiez-vous jamais cela quand vous êtes auprès de votre père ou de votre mère, de votre frère ou de votre sœur ? En leur société, qui vous est agréable, vous vous sentez à l'aise, et c'est pourquoi vous ne pensez jamais que vous pourriez les gêner. Quand je vous serai aussi chère que l'est votre propre famille, vous pourrez rester auprès de moi sans que jamais cette idée vous vienne à l'esprit. Soyez plein de vie partout où vous irez, et nul ne vous semblera étranger. Venez me voir aussi souvent que vous voudrez. Je suis heureuse de vous voir puisque vous êtes tous des images de l'Être de Béatitude.

9.

En ce monde, toutes choses ont été créées par le Père unique ; elles ont donc des rapports de parenté, mais tout comme dans une grande famille, très nombreuse, différents membres embrassent des professions diverses et s'installent en divers endroits pour leur travail ou leurs vacances, de même tous les êtres de l'univers, bien que provenant d'une origine commune, sont groupés de différentes manières, selon différents modes, pour maintenir dans la création l'ordre et l'harmonie. Pour traiter une maladie, il y a souvent plusieurs méthodes possibles, et chacun choisit celle qui lui convient le mieux [1]. De même les Écritures sacrées (Shâstras) et les sages indi-

---

1. Il existe actuellement dans l'Inde de nombreux systèmes médicaux que l'on place sur un pied d'égalité et entre lesquels les malades choisissent selon leurs préférences personnelles et aussi selon la maladie dont ils souffrent. Les

quent pour guérir l'âme désorientée plusieurs préceptes, plusieurs modes de vie différents les uns des autres. Ce qui n'empêche pas qu'il n'existe qu'un but, qui est toujours le même. Les chemins divers que suivent les hindous et les musulmans, les shâktas et les vishnouïtes finissent par se rejoindre à la porte de l'Être divin[1]. Tout le tumulte et toute la bousculade qui emplissent le quai de la gare s'apaisent quand les voyageurs sont dans le train, et une fois qu'ils sont assis le bruit cesse, et chacun est sûr d'arriver à destination.

---

plus répandus sont la médecine classique indienne (ayûrvédique), l'homéopathie occidentale, l'allopathie occidentale et la médecine musulmane traditionnelle (unani).

1. Cf. *L'Enseignement de Râmakrishna*, §§ 668 à 683.

10.

Essentiellement, le Maître et le Serviteur ne font qu'un, bien qu'ils animent des corps différents. Quand le Maître en Son infinie compassion descend dans un corps physique, Il devient le Serviteur. S'il n'y a pas de maître à servir, nul ne peut s'intituler serviteur : et le maître n'a droit à ce nom que s'il a un serviteur qui s'occupe de lui. Le rapport entre les deux a un caractère d'éternité. Dans le don de soi que fait le serviteur, le maître est suprême et il est un. Pour le service du maître, le serviteur est une absolue nécessité. Celui qui est absolu et indivisible est le Maître, mais quand Il se manifeste fragmentairement, Il devient le Serviteur.

Vous parlez trop de « serviteurs », ce sont des paroles creuses. Le véritable serviteur, c'était Garuda[1],

1. Oiseau mythique, fils du rishi Kashyapa. Il est la monture de Vishnou, à qui il est totalement dévoué.

c'était Hanumân[2], ils se sont fondus si totalement dans leur Maître qu'ils n'avaient plus aucune individualité distincte. On ne peut être un véritable serviteur que lorsqu'on sacrifie son orgueil, son pouvoir, son prestige et que l'on offre même son corps pour le service du Maître. Sans cet absolu don de soi, on ne mérite pas le titre de serviteur.

2. Dans le Râmâyana, Hanumân est un singe entièrement dévoué à Râma. Il est considéré comme le modèle parfait du « serviteur de Dieu » et comme l'incarnation de la chasteté et, par conséquent, de la force. D'innombrables autels lui sont consacrés dans toute l'Inde.

11.

Ce monde, voyez-vous, est comme un tambour ; il y a un Être qui joue sur lui toutes sortes d'airs[1]. Ces airs dépendent de la volonté du Maître. Dans un groupe qui célèbre les louanges de Dieu, nous voyons ceux qui dansent et qui chantent, mais bien peu d'entre nous pensent au Maître du chant ou à l'orchestre. Ceux qui ont sur cette terre une vie joyeuse n'ont guère envie de connaître le Maître qui est la source de toute joie. Cherchez Celui de qui provient toute joie et toute douleur et qui joue sur toutes les cordes de la vie. C'est la vraie dévotion, la vraie *sâdhanâ*[2].

---

1. Les tambours hindous sont des instruments très délicats sur lesquels on obtient toute une série de notes en faisant varier la tension de la peau et en frappant celle-ci à des endroits différents. Un très bon joueur de tambour peut intéresser un auditoire pendant des heures d'affilée en jouant un solo de son instrument.

2. On appelle *sâdhanâ* toute discipline suivie avec ardeur et persévérance pour progresser sur la voie spirituelle.

12.

Bien des gens pensent qu'on ne peut pas arriver à la perfection spirituelle en menant la vie de famille. Qu'y a-t-il de vrai là-dedans ? Quelles admirables occasions de culture spirituelle on rencontre dans toutes les familles ! L'amour et l'affection entre parents et enfants, mari et femme, frères et sœurs, parents et amis, la bénédiction que nous apportent les pauvres et les malheureux, tout cela nous aide infiniment à édifier une vie spirituelle. Plus votre âme subit les épreuves que sont les plaisirs et les douleurs, plus elle se purifie et plus s'affine votre esprit de sacrifice pour les autres. Dans un cœur battu par tous les courants changeants de la vie de famille, il s'élève une aspiration profonde pour l'aide divine, beaucoup plus que l'on n'en trouve généralement dans la vie d'un ermite centré sur lui-même.

13.

C'est devenu chez vous une sorte de refrain : « Je voudrais bien méditer sur Dieu, mais je ne peux pas. » Pensez un peu à toutes les inquiétudes que vous avez quand vous êtes malade, à votre agitation pour vous faire soigner par tel ou tel docteur, à votre hâte d'obtenir un soulagement. Et si dans vos affaires quelque chose va mal, quels efforts ne faites-vous pas pour y porter remède ! Mais quand vous êtes assis depuis quelques minutes pour prier, vous clamez votre impuissance et vous ne faites rien d'autre que d'attendre la grâce du ciel ! Est-ce l'attitude que devrait prendre celui qui cherche honnêtement la Vérité ? Remuez-vous un peu, montrez du zèle, mobilisez tout ce qu'il y a de mieux en vous pour concentrer toute votre pensée sur Dieu. Et vous avancerez certainement. Mettez autant de soin à vous former un mental propre et sain que vous en mettez chaque jour à conserver votre corps propre et beau ; vous verrez bientôt votre âme adopter une attitude nouvelle, de prière. Si vous vous contentez de connaissances théoriques, vous n'irez pas bien loin. Une pratique assidue et un effort constant sont nécessaires pour obtenir une véritable croissance spirituelle.

14.

Ananda, la joie, est l'impulsion centrale de la nature humaine[1]; l'agitation, l'inconstance, le doute n'en sont que des aspects passagers. L'âme cherche la joie partout, comme un enfant. Mais les joies fragmentaires, que donne le contact avec les petits objets des sens, ne peuvent pas nous satisfaire longtemps. Quand on élève un enfant, il faut, pour lui donner de la discipline, l'aimer et le châtier. Notre esprit doit aussi être dressé de la même façon. Nourrissez-le par la bonne compagnie, par la culture de nobles pensées et de beaux idéals, par l'étude des Livres sacrés, et, en même temps, observez toutes les rigueurs de la discipline qu'enseignaient les sages de jadis. Peu à peu votre esprit trouvera la tranquillité et il obtiendra une paix durable sous l'aile protectrice du Divin. Quand on se bat, il faut plus se préoccuper de se

1. Cf. Shrî Aurobindo, *Aperçus et Pensées*, pp. 22-24.

défendre que d'attaquer. Restez à l'abri dans les tranchées de la raison et de la contemplation de Dieu pour que les charmes du monde matériel ne mettent pas votre âme en péril. Selon que vous maîtrisez votre mental ou que vous lui lâchez la bride, il est votre ami ou votre ennemi. Essayez de disperser les ténèbres de votre âme en restant constamment dans la société de saints hommes et en chantant tous les jours des cantiques.

15.

Les gens cherchent toujours de nouvelles occasions de réussir dans les affaires de ce monde, mais bien peu se rendent compte qu'aussi longtemps qu'ils poursuivent exclusivement des profits matériels, ils doivent rester en dehors de la chambre intime de leur âme. Si vous essayez d'apprendre à voir dans ce qui est intérieur et ce qui est extérieur deux aspects simultanés d'une Essence unique, vous trouverez le chemin qui mène à Dieu. Votre corps, votre femme et vos enfants, vos amis et vos parents, votre richesse et vos possessions matérielles sont tous des objets extérieurs ; la pensée du Divin, ou plutôt le fait de placer le Divin au tout premier rang de vos idées et de vos pensées, est un processus intérieur. Plus vous vous concentrez sur ce qui est extérieur, plus votre pouvoir spirituel intérieur se rouille. Et pour nettoyer votre esprit de toute saleté, de toutes les ordures qui s'y sont accumulées, il vous faudra toute une vie d'efforts. Si vous ne pouvez pas encore soustraire votre pensée à l'attraction du monde, efforcez-vous au moins de prendre pour objectif ce qui est intérieur, cherchez les vérités du monde spirituel et méditez sur la source éternelle de divine Béatitude. Un jour vous vous apercevrez que toutes les forces de votre âme coulent vers Lui, par un seul canal. Cela vous fera réaliser que l'intérieur et l'extérieur sont indissolublement liés et forment un seul grand Fleuve éternel.

16.

On discute beaucoup sur la nécessité d'une nourriture pure pour arriver à un développement spirituel. Pour moi, la véritable nourriture, c'est l'assimilation de pensées pures, la dévotion à la Vérité ou à Dieu. Vous aurez beau prendre chaque jour les repas les plus parfaitement sattviques, quelle nourriture votre âme retiendra-t-elle de ces monceaux d'aliments purs si votre esprit reste constamment absorbé dans des pensées matérielles ? L'introspection, un noble idéal sur lequel se modeler et l'abandon à la volonté de la Mère divine sont les trois facteurs indispensables qui doivent venir d'au-dedans de nous. Conservez toujours des objectifs élevés, travaillez fermement, virilement. Cela vous purifiera le corps et l'âme : vous aurez de meilleurs résultats qu'en mangeant de la nourriture « pure ». Tout ce que les gens reçoivent est nourriture. Faites donc attention à ne pas vous laisser envahir par votre estomac. Et cherchez à toujours rester maître de ce que vous absorbez[1].

1. Cf. *L'Enseignement de Râmakrishna*, §§ 577 à 584. Les aliments sattviques sont ceux qui conduisent le plus facilement à la sérénité, à l'harmonie, à l'équilibre (sattva) ; on y range généralement le lait et les produits laitiers, la plupart des fruits et des légumes, les pommes de terre, le riz, etc.

17.

Il n'y a qu'un seul et même Appel qui vienne d'en haut. Pour l'entendre, chaque religion dispose de moyens différents. Quand un homme a entendu cet Appel, toute sa recherche est terminée, tout bruit cesse, tous ses doutes sont apaisés. C'est Dieu qui vous appelle. Est-ce que vraiment vous L'appelez aussi ? Dans le silence de la nuit, les sons des cloches et des conques, qui viennent de temples lointains, se glissent jusque dans les recoins les plus secrets de l'âme. C'est de la même façon que Son Appel vient jusqu'à nous et s'imprime profondément dans l'âme, quand celle-ci, par l'effet d'une dévotion profonde, ne répond plus aux appels de nos passions et de nos désirs, mais est parvenue à la sérénité. C'est alors, et alors seulement, que vient, du fond de l'âme, la véritable réponse à l'Appel d'en haut. Et cela doit forcément arriver pour chacun de nous. C'est l'Esprit éternel, Shiva, qui est descendu en tous les êtres doués de sensation. Et ainsi l'âme individuelle se transformera progressivement en l'Éternel. Ce grand jeu de la transformation de Shiva (le Bien éternel) en *jîva* (l'âme individuelle), et inversement, continue de toute éternité et continuera toujours, comme la transformation constante de l'eau en glace et de la glace en eau.

18.

Dans ce monde, personne n'est isolé. On ne peut pas avancer sans l'aide d'autrui. Et c'est pourquoi chacun compte sur l'estime et l'aide de son voisin. Dans l'univers, grands et petits, riches et pauvres, sont sur un pied d'égalité. Le souverain est tout aussi nécessaire pour le gouvernement d'une nation que le fermier pour l'existence du royaume. Chacun va de l'avant, dans l'entraide et la coopération ; chacun s'acquitte des tâches qui lui ont été assignées par la Volonté divine. Aussi est-ce une grave erreur de penser que certains sont grands et que d'autres sont petits parce qu'ils occupent des positions, des rangs sociaux différents. Voyez le monde comme un vaste organisme et non comme un assemblage de parties, et alors vous ne douterez plus que tous ont une égale importance dans le grand Plan de la vie. Celui qui a le sens du respect de soi-même sait respecter ce même sens chez les autres. Du respect naît la révérence, et de la révérence naît l'amour. Or là où il n'y a pas d'amour, il serait difficile de trouver le Dieu d'amour[1] !

1. Cf. Swâmi Vivekânanda, *Karma-Yoga*, chap. II.

19.

Toutes choses sont identiques en essence, et l'univers est la manifestation de l'unique Cause ultime. Celui qui n'a pas vu les Himâlayas les imagine comme une seule montagne, mais quand il s'en approche, il voit que ces immenses chaînes comprennent des centaines de montagnes, qui s'étendent sur de longues distances, avec des milliers de hauts sommets neigeux, et des arbres, des fleuves, des sources. Il en est de même dans le domaine spirituel : lorsqu'on approche la Vérité, la Lumière et qu'on plonge profondément dans les mystères, on réalise l'Un dans le Multiple, ou le Multiple dans l'Un. En réalité, nous nous mouvons avec l'Un, mais ce qui est curieux, c'est que nous nous égarons souvent dans le Multiple.

Nous marchons pas à pas ; nous satisfaisons notre appétit en prenant une à une des bouchées de nourriture ; l'alphabet construit les mots lettre par lettre ; et les jours se succèdent pour former des mois et des années.

Vous dites souvent : « Il n'y a qu'un Dieu, qui n'a pas de second. » Et c'est la vérité. Dans ce monde, rien n'existe que l'Unique. Notre monde résulte d'expériences élémentaires obtenues par les cinq organes sensoriels, mais provenant toutes de l'Un et se fondant toutes finalement en cet Un ; leur importance est proportionnelle à la mesure dans laquelle elles expriment l'Essence unique. Gardez ce seul but devant vous, et essayez de concentrer votre esprit sur l'une quelconque des expériences élémentaires (forme, saveur, etc.) qui émanent de l'Unique ; vous vous apercevrez bientôt que dans l'Un sont incluses toutes choses. Alors vous réaliserez l'unité dans la diversité et la diversité dans l'unité ; vous trouverez que dans le monde il n'y a rien d'autre que cet Un.

20.

Tant que le langage vous est nécessaire pour communiquer avec autrui, employez-le, mais très parcimonieusement. Écoutez ce que les gens vous disent et ne répondez que lorsque c'est nécessaire, par quelques mots, à dose homéopathique. Vous savez bien que là où les médicaments allopathiques, à fortes doses, restent sans effet, quelques gouttes minuscules produisent parfois des effets miraculeux ! Les gens ne parlent que pour faire étalage de leur supériorité, de leur érudition et de leur habileté dans la discussion. Mais l'action est plus puissante que les mots. La valeur d'un homme ne se mesure pas au volume ou à la force des arguments qu'il peut présenter. Argumentez en vous-même, dans l'introspection, et maîtrisez vos passions ; alors vous constaterez bientôt que l'envie de parler a presque disparu.

21.

Ayez toujours un but élevé, et allez de l'avant ! Dès que vous vous abaissez, vous trébuchez et vous êtes perdu. La vie dans le confort vous a déjà en partie privé du pouvoir de marcher sur un plan supérieur. Votre façon insouciante de vivre au jour le jour ne vous permet même pas de profiter pleinement des occasions qui se présentent journellement à vous. Fixez-vous un but élevé, et en tout cas regardez toujours en avant. Le courage de s'élever est la vraie puissance motrice. Vous vous plaignez souvent que votre corps est prêt à progresser, mais que l'esprit ne l'est pas, ou bien que si l'esprit est très actif, c'est le corps qui traîne. Dans de tels cas, il faut déployer la plus grande énergie, et votre corps et votre esprit doivent toujours être actifs. Il faut avancer, sinon vous êtes sûr de tomber. Dans tout ce que vous faites, ayez du courage, car c'est de la force.

22.

Efforcez-vous toujours de rester en plein air et laissez votre corps aussi nu que possible. Laissez-vous souvent attirer par l'appel des hautes montagnes et par celui de la mer, et quand vous y êtes, dites ce que vous pensez, sans réticence. Si ce n'est pas possible, essayez de regarder le ciel libre le plus souvent que vous pourrez, et vous sentirez que vos chaînes tombent, que votre âme s'ouvre. La pleine connaissance ne peut se réaliser que dans une âme libre et ouverte, mais les habitudes entravent l'âme et la ligotent. Vous êtes arrivés au monde dans le véhicule qu'est le corps, et lorsque vous repartirez, vous devrez bien abandonner ce corps, tout nu. Si, pendant la brève durée de votre existence terrestre, vous l'ornez et l'enguirlandez plus que de raison, il vous sera très pénible d'arracher ces oripeaux. Que votre corps reste léger et votre pensée le sera aussi. Si ni le corps ni l'esprit ne sont affublés de masques, il sera plus facile pour l'âme de s'élever et de se libérer.

23.

Que valent toute cette puissance et toute cette pompe ? Vous me direz certainement qu'elles sont utiles à votre subsistance et à celle de votre famille. Mais à quoi sert la famille ? Si vous êtes francs, vous répondrez certainement : « A moi. » Mais si nous poussons plus loin l'enquête et que nous demandions : « Qu'est-ce que ce moi ? », il n'y a plus de réponse, car nous arrivons aux limites de votre intelligence. Si vous vous demandez sérieusement : « Qui suis-je ? » et si vous réfléchissez, vous constaterez que toutes les connaissances acquises à l'école et à l'université, et toute votre expérience de la vie ne vous permettent guère de trouver une réponse. Si vous voulez remonter à l'origine de ce « moi », il faut changer le cours habituel de votre pensée et vous consacrer entièrement à la réalisation de cette Vérité unique. Toutes les fois que le lac de votre esprit est ridé par le doute, rejetez ce doute d'une main ferme et explorez les origines de votre moi. C'est la méthode qui conduit à *âtma-darshan*, à la réalisation du Moi[1].

1. Cf. *Études sur Râmana Maharshi*, pp. 70 et suivantes.

24.

Le *baûl*[1] va de porte en porte en chantant les louanges de Dieu. Des milliers de gens entendent son chant, mais bien peu se le rappellent. Pourquoi ? C'est parce que les ritournelles de la vie dans le monde ont tellement charmé la plupart des gens que leur cœur ne répond plus guère au chant de la vie supérieure. Le seul remède, c'est de répéter régulièrement tous les jours les Noms sacrés de Dieu, que ce soit Shiva, Hari ou Râmji, que ce soit dix, cent ou dix mille fois. Si vous ne le pouvez pas, il faut consacrer un certain temps chaque jour à la prière, à l'introspection, à la compagnie de saints hommes ou à l'étude de sujets

1. Nom donné au Bengale à des dévots qui cherchent Dieu par la voie de la joie, en particulier par le chant et la danse. Ce sont en général des religieux errants qui ont fait vœu de pauvreté. Rabindranâth Tagore a traduit nombre de leurs chants.

religieux. Ainsi votre véhicule physique sera purifié et réagira aux vérités de la religion. Pour arriver à posséder n'importe quel art, il faut se soumettre à un travail assidu ; de même la réalisation de soi dépend d'une pratique continuelle, il ne faut pas l'oublier. Si votre cœur s'élève sous l'influence divine, ne serait-ce qu'une fois par jour, cela vous aidera grandement à purifier votre esprit. Vous savez qu'une montre a besoin d'être remontée une fois par jour !

25.

Ne critiquez pas les autres, car cela rétrécit votre vision, avilit votre âme et ajoute au fardeau de péché qui pèse sur le monde. Cherchez toujours à voir le bon côté des choses. Le bien est vérité, et la vérité est vie ; le mal est aussi irréel qu'une illusion, il est dû à votre propre perversité. Personne n'aime cultiver le mal.

Lorsque vous cherchez la société des hommes, rappelez-vous que votre but est de trouver ce qui en eux est beau et bon. Si vous restez fidèle à vos pensées et à vos actes, votre esprit s'emplira de joie et de pureté, votre intelligence et votre perspicacité se développeront. Alors vous verrez le bien en toute chose. Dieu seul est bon et parfait. Si vous cherchez toujours le bien en tout, votre cœur sera plein de ce qui est bon et noble. C'est avec des pensées pures que l'homme construit son corps supérieur. En fait, la satisfaction que l'on peut trouver en appréciant les mérites d'autrui est plus grande que celle que nous éprouvons à réfléchir aux nôtres. Cette dernière attitude nous rend orgueilleux et nous conduit à rechercher les faiblesses et les imperfections de notre prochain.

26.

Le mot bengali *mânush* (homme) implique que l'homme possède *hûsh*, le pouvoir de contempler le Divin. Un homme digne de ce nom peut devenir un surhomme. Notre nature humaine se développe lorsque dans notre vie nous nous conformons aux règles morales et sociales de notre nation ; lorsqu'on y ajoute des règles spirituelles de vie, l'âme humaine passe au-delà des illusions sensorielles et devient la Sur-âme. Un homme s'efforce d'obtenir ce qui lui est nécessaire, tandis qu'un surhomme exprime sa nature supérieure essentielle. Ce que l'homme accomplit le libère des besoins de la vie et réveille en lui la conscience de sa nature essentielle ; ce que le surhomme accomplit lui fait réaliser l'unité essentielle de l'Être, l'emplit d'Amour divin, de sacrifice, d'offrande de soi. Efforcez-vous donc tout d'abord d'être un homme.

27.

L'Être suprême est Joie incarnée, et c'est pourquoi toutes les créatures aspirent à la joie. Cherchez toujours à vivre dans la joie, à exprimer la joie dans vos pensées et dans vos actes ; sentez Sa présence joyeuse dans tout ce que vous voyez ou entendez ; cela vous apportera un réel bonheur. La tristesse est fatale à l'homme ; bannissez-la de toutes vos pensées. Prenez courage et dites-vous toujours : « Nous sommes les enfants de la Joie ; pourquoi nous affligerions-nous ? » Lorsque le fils d'une famille riche est réduit à la misère, il est assez modeste pour ne pas faire étalage de ses besoins, mais il se console en pensant à sa grandeur passée. Vous êtes tous des enfants du Père tout-puissant. N'oubliez pas cet héritage béni, qui est encore intact, et n'allez pas vivre comme des miséreux ! Redressez-vous, et travaillez ! Chez les peuples d'Europe, il y a des gens qui débordent de joie ; ils sont désireux de faire du bien au monde et ils disposent de tous les plaisirs et de toutes les richesses de la vie. Chassez de votre esprit la crainte, le découragement, l'anxiété. La source de toute grande puissance est là où se trouvent force, énergie, bonne humeur. Apprenez à voir la main bienfaisante de Dieu dans tous les efforts que font les hommes pour le bien du monde, et en vous écartant du monde grossier de *karma*, en vous approchant du monde raffiné de la Vérité divine, vous trouverez vite la Source du suprême Bonheur.

28.

Vous ne pouvez pas voir votre moi avec vos yeux. Vous devriez toujours être avide d'entendre quelqu'un expliquer pourquoi vous ne valez rien. Mais on n'a pas le même profit à écouter les louanges qui viennent d'autrui ; elles sont même très nocives. Les hommes, en général, aiment les compliments et craignent qu'on ne dévoile leurs faiblesses. Étant liés par les chaînes de la louange et du blâme ils échouent dans la vie de toutes sortes de manières. Dans la vie du monde, il faut bien tenir compte de la louange et du blâme, et diriger son activité en conséquence, mais dans les affaires spirituelles il faut rester indifférent à l'un et à l'autre et s'élever au-dessus des deux pour acquérir la sérénité. La vie spirituelle exige une dévotion absolue à un Idéal unique, et la concentration sur ce qui nous aide à nous en approcher. Cela implique que l'on dirige toute son énergie vers l'intérieur et que l'on soustraie le moi à toute attraction extérieure.

29.

Dieu exauce tous les désirs, et c'est pourquoi on L'appelle *chintâmani*[1]. Si un homme pense à Lui, Il l'attire progressivement à Lui et se remplit de Sa sainte présence. Mais la soif de la Grâce divine doit être aussi ardente que le désir du pauvre pour la richesse ou l'envie qu'éprouve une femme stérile d'avoir un fils. Si dans notre évolution nous Le gardons toujours au premier plan de tous nos désirs et de toutes nos pensées, Lui, le Tout-compatissant, Se chargera entièrement de Son serviteur et lui donnera la possibilité de ne penser à rien d'autre qu'à Lui. On en connaît des cas très nombreux dans le monde, aussi bien chez les saints que chez le commun des mortels. Même les bêtes, les oiseaux, les plantes, ne sont pas hors de portée de Sa compassion. Quand le cerf-volant

1. « Le joyau qui exauce tous les désirs de son possesseur ». Cf. *L'Enseignement de Râmakrishna*, §§ 2 et 623.

est très haut, vous pouvez vous asseoir tranquillement en tenant la ficelle ; de même vous pouvez laisser votre âme planer bien haut, tandis que vous demeurez en Lui, dans la paix. La nature vous aidera tout au long de la route.

30.

Riez tant que vous pourrez ; cela relâchera toutes les articulations crispées de votre corps. Il faut que votre rire vienne du plus profond de votre cœur ; il doit vous secouer de la tête aux pieds, si bien que vous ne sachiez plus quelle est la partie du corps qui réagit le plus violemment.

Mais si l'âme est assouplie, votre rire ne sera que sur vos lèvres. Je voudrais vous voir rire avec votre bouche, avec votre cœur, avec tout le souffle de votre vie ! Pour y arriver, ayez foi en vos propres facultés et essayez d'établir des rapports harmonieux entre le moi intérieur et le moi extérieur. Ne multipliez pas vos besoins, mais menez une vie simple et sans tâche. Établissez une parfaite identité entre votre propre avantage et celui du monde ; et de toute votre énergie, consacrez-vous exclusivement à Dieu. Alors votre rire répandra de la joie partout.

31.

Les différents organes du corps humain remplissent des fonctions différentes, dont certaines sont plus nobles que d'autres, mais pour le bien du corps il faut les soigner tous. De même, essayez de considérer avec un égal amour toutes les personnes avec lesquelles vous êtes en rapport. Faites-en une habitude, et bientôt vous vous apercevrez que tout le genre humain est comme votre famille. Et ainsi se comblera l'abîme entre le « moi » et le « toi », ce qui est le but de doute adoration religieuse.

32.

Réduisez progressivement l'importance de toute votre vie sensorielle et ramenez votre esprit dans les profondeurs de la méditation, sinon vous trouverez beaucoup de pièges sur le chemin qui conduit à Dieu. Si vous cherchez à L'installer dans votre cœur et qu'en même temps vous laissiez vos yeux, vos oreilles et vos autres sens s'occuper des idoles de ce monde, vous ne Le trouverez guère ! La méditation est la vraie forme du culte, et les cérémonies n'en sont que des aspects passagers. La mère qui a un enfant malade le serre contre son cœur. De même, aux débuts de votre vie religieuse, vous devriez serrer précieusement contre vous les pensées naissantes de Dieu. Pendant un culte, vous ne pourrez pas sentir la présence de Dieu si vous ne renoncez pas à toutes les attractions de l'extérieur. Tout comme au téléphone vous concentrez toute votre attention sur l'oreille, il vous faut concentrer sur la méditation tous les pouvoirs de vos sens.

33.

L'homme est l'image de Dieu. La vie dans un corps humain est la dernière étape de l'évolution sur cette terre. Sur le plan subconscient de l'esprit, il y a tant de trésors cachés que personne n'a jamais vus ! Plongez sans réserve dans ces profondeurs mystérieuses qui sont en vous et essayez de découvrir ces vérités cachées. Illuminez et vous-même et le monde avec la flamme ardente de la vie intérieure.

34.

Quand vous parlez, vous avez tendance à flotter à la surface, mais quand vous plongez profondément, vous ne pouvez plus parler. Ce n'est que lorsque vous flottez que les paroles sortent. Pour cette raison, notre langage ne peut jamais exprimer l'idée dans toute sa plénitude. Il y en a souvent, parmi vous, qui disent : « Je n'arrive pas à vous expliquer ce que je voudrais dire. » Pensez aux limitations du langage. Vous ne pouvez même pas exprimer à moitié ce que vous savez et sentez pleinement. Et ici il y a aussi bien des choses que vous ignorez. Essayez de comprendre le langage intérieur de l'âme et alors, sans même l'aide de la parole, vous vous exprimerez avec force, et de façon intelligible.

35.

Où que vous regardiez, vous verrez qu'une unique Présence, indivisible et éternelle, est manifestée dans tout l'univers, mais qu'il est fort difficile de la percevoir. La raison en est que Dieu « imprègne » toutes choses. Vous vous faites une idée de la puissance d'un roi par les œuvres qu'il réalise, et de celle du feu par la chaleur qu'il engendre. De la même façon, le monde manifesté permet de deviner les forces de l'invisible qu'il exprime. Lorsqu'on s'attache à l'analyse des objets de la nature, on arrive à un point où toute analyse s'arrête. Ce stade est commun à toute existence. Et c'est Dieu. On l'appelle vie ou *chetana*. Les recherches de la science dans tous les laboratoires du monde révèlent ce fait ultime de l'unité de toute existence.

Cherchez à faire tous vos travaux en serviteur dévoué de Celui qui est le Maître de ce monde merveilleux; alors tout votre amour, tout votre attachement s'orienteront vers Lui. La prison dans laquelle est enfermé l'ego s'émiettera peu à peu ; le grand Être attirera votre âme à Lui. Alors toute cette diversité de l'univers se fondra en un seul grand tableau et les expériences fragmentaires de la vie se fondront en un seul Océan de joie. Ainsi, plus vous dépasserez les limites de l'ego, plus votre dévotion se concentrera sur un seul objet. Et cela vous conduira jusqu'à l'Infini. Alors toutes les phases différentes de ce monde se fondront en l'Unique et tous les sens se fondront dans la Béatitude éternelle.

36.

L'âme ne peut être pure, blanche comme neige, que si vous faites le vide dans votre esprit ou si au contraire vous vous perdez dans la totalité de la création[1]. Toutes les couleurs se fondent pour produire le blanc, qui est la couleur du Sans-forme. Pour être pur, il faut être sincère et droit. Prenez appui sur la véracité et la simplicité, essayez d'être aussi blanc que le lait, intérieurement et extérieurement, et alors non seulement vous serez heureux, mais les gens autour de vous le seront aussi. Cultivez la pureté et la simplicité. Libérez votre esprit de toute vanité, sacrifiez-vous pour le bien d'autrui sans la plus petite trace

1. Ce sont les deux méthodes de Jnâna-Yoga : celle de l'affirmation (*iti, iti*), via eminentiae, et celle de la négation (*neti, neti*), via negationis, qui toutes deux conduisent à la réalisation de l'unité entre l'*âtman* et le Brahman. Cf. Swâmi Vivekânanda, *Le Yoga de la Connaissance*.

d'égoïsme, et alors vous verrez que tout le monde s'efforcera de vous rendre la vie plus belle et plus riche. Votre vie sera ainsi une source de bien dans tout votre travail quotidien et dans tous vos exercices religieux. A notre époque de jouissances matérielles et de luxe, la sincérité sanctifiée par le sacrifice est très nécessaire. En vérité, la pleine jouissance de la vie ne s'obtient que si l'on part d'un esprit de sacrifice sans réserve.

37.

Que votre vie soit pleine et coule sans cesse, et le flot de la vie restera pur. Votre simple contact balaiera les impuretés des autres. La flamme peut s'élever très haut, mais jusqu'à une certaine limite, et quand elle perd sa véritable nature elle se change en fumée qui se répand et envahit le ciel. Si vous voulez atteindre la Vérité, roulez sans arrêt comme un fleuve puissant, et votre vie emportera et détruira à jamais de grandes masses de détritus de toutes provenances. Elle sera un important facteur de purification.

38.

Dans ce monde, chacun a quelque chose à nous apprendre. Et dans ce sens tout homme est un maître, un *gourou*. Le meilleur maître au monde est celui qui nous enseigne à trouver Dieu, le grand *Gourou* de l'univers. Et Dieu apparaît, sous une forme ou sous une autre, à l'adorateur qui Lui a ouvert son cœur en cherchant la compagnie des saints, en cultivant de nobles pensées. Le vrai disciple s'abandonne entièrement entre les mains du *gourou*, il est toujours prêt à le servir. Et beaucoup de bénédictions s'accumulent sur la tête de celui qui s'incline profondément devant son *gourou*. Plus vous vous concentrerez sur votre faculté de sentir et plus il se présentera pour vous des occasions toujours plus belles. On appelle le fils *âtmaja*, mais sur le plan spirituel, on peut dire que le disciple est l'*âtmaja* du *gourou*[1].

1. *Âtmaja* signifie littéralement « né de l'*âtman* », et peut par conséquent avoir à la fois le sens de « né de soi-même », ayant en soi-même sa propre origine, et le sens de « né de l'*âtman* du père », c'est-à-dire reproduisant l'être véritable du père, et identique à lui.

39.

Pour devenir bon combattant, il faut à la fois force musculaire et habileté dans le maniement des armes. Vous vous enrouez à réclamer le *svarâj*[1], mais votre premier devoir est de vous préparer en sorte que, lorsque vous aurez le *svarâj*, vous puissiez faire bon usage de vos droits et de vos devoirs. Édifiez votre vie religieuse sur une base morale, gardez Dieu au premier plan de votre activité, et vous acquerrez alors un grand pouvoir. Personne au monde ne pourra s'opposer à ce que vous soyez libres. Mais vous ne savez même pas diriger vos désirs et vos passions ; comment pourriez-vous conduire cette vaste machine avec laquelle diriger autrui ? Rendez-vous maître de votre propre esprit, et vous serez bientôt maître de l'univers. La Vérité a pour base la religion. Et c'est la vraie vie !

---

1. Le *svarâj* est le gouvernement par soi-même, le Home Rule, que réclame l'Inde sur le plan politique.

40.

Ceux qui commencent des études de médecine doivent d'abord étudier le squelette, le crâne, les différents organes. De même, pour étudier la religion, il faut apprendre certaines règles, certains procédés qui sont prescrits ; car ils préparent le corps et l'esprit et ils facilitent la recherche de Dieu.

Vous ne pouvez pas vous passer de l'extérieur si vous voulez connaître l'intérieur. L'intérieur se reflète dans le monde extérieur. L'univers est l'image de Celui qui toujours veille. Ne vous laissez pas égarer par les fallacieuses attractions du monde. Cherchez Celui qui, de l'intérieur, dirige tout.

41.

Bien des gens disent : « Nous n'aimons pas tout le bruit et l'agitation du *samkîrtana*[1], nous désirons contempler Dieu silencieusement, en restant assis dans un endroit solitaire. » Pour parler franchement, c'est tant mieux pour vous si vous pouvez trouver Dieu par la contemplation. Mais étudiez bien comment fonctionne votre esprit et voyez si, quand vous êtes seul, vous pouvez vraiment penser à Lui. Quand vous êtes seul, les pensées de toutes les affaires matérielles arrivent en foule.

Pendant le *samkîrtana*, ne faites pas attention à la danse et à l'accompagnement musical, mais

1. Le *kîrtana* ou *samkîrtana* est une réunion d'hommes ou de femmes qui se groupent pour chanter les louanges du Seigneur, généralement avec accompagnement de musique instrumentale, parfois aussi avec accompagnement de danses. On y répète inlassablement les « Noms » de Dieu.

concentrez votre esprit sur Son nom et laissez-le planer très haut avec la dernière note de musique. Il se créera peu à peu en vous une attitude de dévotion. Pour la grande masse des gens, ces réunions de *kîrtana* avec des parents et des amis ont une grande utilité. Elles conduisent à des modes de penser plus nobles et plus affinés. Quand vous prononcez le nom de Dieu, votre esprit se met à apprécier le *samkîrtana*, et la musique de celui-ci prédispose l'esprit à la contemplation des choses divines. Tout comme vous devez célébrer les *pûjâs*[1] et prier, il faut aussi prendre part à des *samkîrtanas*. La musique doit être très harmonieuse. Pensez toujours à Celui qui est le thème des chants dans le *samkîrtana*; sinon toute la musique ne sera qu'un assemblage de sons et de bruits et n'aura pas de sens.

1. La *pûjâ* est un culte rituel célébré devant une image de la Divinité.

42.

Nous ne nous connaissons guère les uns les autres, mais Dieu nous connaît tous. Observez le flanc d'une montagne, vous verrez que les blocs de pierre, les mottes de terre, les lianes et les racines sont enchevêtrés de telle façon que si l'un d'eux cède, il semble que tout le reste doit s'écrouler. Est-ce possible ? Non. La montagne les tient tous serrés sur son sein. Mais s'il se produit un tremblement de terre, tout s'éboule. Si vous imaginez que la religion, la société, la civilisation, etc., ne peuvent se passer de vous, vous faites une lourde erreur. C'est Dieu qui est à l'origine de tout, c'est Lui qui tisse la toile de la vie, c'est sous Sa direction que tout prospère.

Connaissez-Le d'abord. Le connaître c'est tout connaître. Et c'est la seule façon de s'élever au-dessus des doutes et des difficultés.

43.

Personne ne deviendra fort en criant : « Donne-moi de la force, donne-moi de la puissance ! » Dans un hôpital, il y a toutes sortes de dispositifs pour soulager ceux qui souffrent. Mais ces secours extérieurs peuvent-ils atténuer les douleurs de la maladie intérieure ? Le remède ne peut venir que de l'intérieur, par l'effort personnel. Travaillez donc en vous conformant aux principes des Shâstras et aux instructions des saints. La force se développera de l'intérieur. Les gens qui n'ont pas un sens très impérieux du devoir et une ferme détermination de réussir cherchent toujours à se faire aider. Vous faites tout seul la plupart de vos affaires matérielles, mais quand il s'agit d'adorer Dieu, vous appelez toujours à l'aide ! Continuez à faire tout ce qui est pour le bien d'autrui ; la force viendra toute seul. Si vous sentez que vous ne pouvez pas travailler, recherchez les causes de votre échec et faites-les disparaître sans pitié. Si vous continuez, du dedans, à alourdir votre fardeau, et que vous attendiez des forces extérieures qui vous remorquent comme une péniche, votre attente sera vaine. Il faut déployer beaucoup de force pour faire avancer une voiture par de petits chemins de traverse. Et de même il faut un grand effort de volonté pour sevrer son esprit des distractions qu'offre le monde.

44.

Essayez d'abord de connaître Celui que vous voudriez introniser dans votre cœur. Pensez constamment à Lui, parlez de Lui, prenez plaisir à regarder Ses portraits, chantez Ses louanges, faites des pèlerinages, vivez dans la solitude ou en pieuse compagnie. Une fois que vous Le connaîtrez, vous pourrez L'appeler de tel nom qu'il vous plaira : vous pourrez Le considérer comme votre Père ou votre Mère ou votre Maître ou votre Ami ou votre Guide. Si vous voulez vraiment qu'Il habite en votre âme, établissez avec Lui un rapport précis. Et en attendant que ce rapport soit créé, continuez votre *pûjâ* et vos prières tous les jours. Il entrera peu à peu dans votre cœur. Une fois qu'un lien est établi, si vous voulez le renforcer, faites toujours quelque chose en Son saint nom. Sa présence envahira votre âme et restera en vous jusqu'à vos derniers moments. C'est cela qu'on appelle « réaliser Dieu ».

45.

Quelqu'un me demandait ce qu'il adviendrait de sa famille une fois qu'il ne serait plus là. Cette question prouvait qu'il était toujours aussi fortement attaché à sa famille. En réalité, nul homme n'est absolument nécessaire à un autre. Il est commode d'avoir quelqu'un à côté de soi, mais lorsqu'on n'a personne, il ne faut pas pour cela se croire abandonné[1].

Examinez vos propres faiblesses, voyez en quoi elles consistent et essayez de les éliminer vous-même. Nul ne recherche la souffrance et le chagrin, mais bien peu de gens se demandent comment s'en débarrasser quand ils en sont affligés. Très peu prennent la vie au sérieux ; la plupart cherchent à la passer n'importe comment. Il y a des gens qui ne se marient pas, pour ne pas avoir la charge d'une famille, mais il est fort douteux

1. Cf. *L'Enseignement de Râmakrishna*, § 66.

que même ceux-là soient heureux. Dans ce bas monde, rien n'est parfait. Et le bonheur complet est fort rare. Aussi est-il absolument indispensable pour chacun de nous de garder Dieu au premier plan de notre vie et de prendre refuge en Lui.

46.

Naissance et mort vont de pair. Quand un enfant vient au monde, on se réjouit, mais lorsqu'il s'en va, tout est sombre et douloureux. Chacun devrait se préparer à la mort. Si vous voulez être délivré des angoisses de la naissance et de la mort, essayez de vous approcher de Dieu. Il n'y a pas d'autre moyen. Pour mériter le royaume de Dieu, on doit purifier son âme par des exercices religieux assidus et perdre son ego en Dieu. La voie est très abrupte. Il faut avoir une impulsion aussi violente que celle des pèlerins qui gravissent les sentiers les plus escarpés dans les Himâlayas. Acquérez une volonté ferme et une patience extrême.

47.

Sentez Dieu au-dessus de votre tête, et faites d'un cœur joyeux vos tâches quotidiennes, ces tâches qui arrivent en une suite ininterrompue. Tout ce que vous voyez en ce monde est le produit de la volonté. Par la patience et la stabilité, donnez davantage de vitalité à vos bons loisirs ; vous serez alors éclairés sur les lois de l'action. Le vrai travail, fait sans égoïsme, est soutenu par les forces divines. Suivez l'unique Idéal de vie et prenez l'habitude de tout soumettre à Dieu. Si vous vous attachez au bien, l'habitude de vous en remettre à Dieu vous deviendra naturelle et les tentations de toutes sortes fondront à votre approche. L'homme est esclave des habitudes. Ceux qui sont tellement attachés aux affaires de ce bas monde doivent toute la force de leurs tendances à des habitudes formées dans cette vie-ci et dans des vies antérieures. Il faut du temps pour édifier une habitude utile. Ne perdez pas courage si vos premières tentatives aboutissent à des échecs ; restez ferme et ayez le courage de continuer sur le bon chemin. Si vous ramenez votre pensée vers Dieu, un peu chaque jour, cela éveillera en vous un violent désir de Lui. Soyez simple et droit, exercez-vous à la pureté dans vos pensées et dans vos actes, et vous aurez bien posé les premières bases d'une vie spirituelle.

48.

Le temps s'écoule toujours, et la double opération de construction et de destruction continue avec lui. Mais le grand Esprit du temps (Mahâkâla), qui régit l'univers, est éternel et parfait, aussi bien comme Être unique total que comme manifestation dans le Multiple. Pour Lui, la naissance et la mort, la construction et la démolition sont comme deux aspects d'un seul et même processus, qui est le changement. Et par conséquent on Le considère comme la source de tout bien. C'est pourquoi tous les gens, heureux ou malheureux, Lui adressent leurs prières. L'activité créatrice et l'activité destructrice se complètent mutuellement. Mais pour nous, qui vivons enfermés entre les murs de la prison, ces deux processus semblent distincts et nous sautons de joie lorsque naît un enfant comme nous pleurons amèrement lorsque nous le perdons. Dès que l'on oublie les liens de la chair et du sang, toute distinction disparaît entre le père et le fils. Alors seul Dieu apparaît dans Sa création, partout.

49.

Quand vous avez besoin de quelque chose, n'acceptez d'autrui que le moins possible, mais lorsque vous avez à donner à quelqu'un, donnez tant qu'il voudra. Pour échapper à l'égoïsme, pratiquez la charité et la bonté et soyez toujours prêt à servir votre prochain. Si vous éprouvez le désir ou le besoin des plaisirs que donne la vie, occupez-vous du confort et des besoins d'autrui. Sinon, il sera difficile pour vous de devenir vraiment un homme. Toutes les fois que l'occasion s'en présente, donnez aux pauvres, nourrissez ceux qui ont faim, soignez les malades. Si cela ne vous est pas possible, pensez à votre prochain, à son bien, priez pour lui et cultivez en vous l'esprit de service social en transférant votre attention du corps à l'âme. Vous vous rendrez compte alors que celui qui sert, celui qui est servi et le service lui-même ne sont que des manifestations différentes d'un même Divin. Servir présuppose que l'on se sacrifie, et nul vrai service n'est possible lorsqu'on en attend du plaisir, ou une récompense ou des résultats quelconques. Pour pouvoir servir Dieu, il faut d'abord étouffer complètement ce triple désir. On peut servir par le corps, par l'esprit et par la parole. Attachez-vous fidèlement à l'une quelconque de ces formes, et avec le temps vous récolterez le fruit de toutes trois, vous atteindrez le but qu'est le renoncement.

50.

Qu'est-ce que la foi ? On dit qu'on a la foi lorsque tous les doutes sont apaisés et qu'une ferme conviction s'est enracinée dans l'esprit. C'est une partie intégrante de la Vénération et de la Vérité. La foi qui dépend de l'opinion générale ou d'un rapport de causalité peut être utile dans le domaine matériel. Mais la véritable foi vient d'au-dedans de nous et fixe notre attention sur Dieu. La foi tient l'esprit attaché à la Vérité et nous infuse une nouvelle attitude de force et de paix, aussi bien dans le succès que dans l'adversité ! Toute méditation dépend de la foi ; aussi faut-il la cultiver dès le début. C'est par la révérence et par la foi que doit commencer la recherche de l'Invisible et du Mystérieux, et il n'y a pas d'autre moyen de connaître la divine Vérité.

51.

L'idéal devrait être une personne douée de toutes les vertus (grandeur, pureté, perfection, etc.). Et, selon ce critérium, Dieu seul peut être l'Idéal. Mais dans la vie physique et spirituelle, un homme devrait au début prendre pour idéal quelqu'un de saint. Un idéal vivant est bien supérieur à l'enseignement des Écritures sacrées, car l'inspiration directe est un plus grand stimulant que ce que peuvent donner la suggestion ou l'imagination. Choisissez d'abord votre propre ligne d'action et ayez un idéal à vous ; ensuite allez de l'avant le long du sentier spirituel choisi. Si vous avez la bonne fortune de rencontrer un grand saint sur votre route, attachez-vous à lui, servez-le avec révérence et renoncement, sollicitez sa grâce et son aide pour votre propre progression. Gardez l'Idéal divin au tout premier plan, suivez l'enseignement des saints et vous réussirez facilement.

52.

Tout le monde a soif de paix, mais peu de gens se rendent compte qu'on ne peut pas obtenir la paix parfaite tant que l'âme intérieure n'est pas emplie de la présence de Dieu. Richesse et gloire, femme et enfants ne peuvent pas donner la paix, parce que tous les objets matériels se transforment aussi vite que le jour et la nuit. Aspirez aux vertus qui assurent à l'âme la grâce et la vitalité et enrayez sainement tous vos appétits matériels. Ces vertus vous feront trouver Dieu, ce Dieu qui est toujours présent dans toutes les fibres de votre corps et qui pourtant préfère rester caché. Quand, par des exercices appropriés et assidus, la noirceur de votre âme s'est effacée, Dieu Se révèle, et c'est la paix absolue.

53.

Avez-vous regardé jouer des enfants ? Ils commencent un jeu avec beaucoup d'entrain et de bonne entente, mais vers la fin de la partie ils commencent à se disputer pour savoir qui a gagné et cela se termine souvent par des injures et des coups. Et finalement c'est souvent en larmes qu'ils rentrent chez eux. La plupart des gens qui ont « la sagesse de ce monde » agissent de même. Ils gagnent de l'argent quand ils sont jeunes et le dépensent avec prodigalité, sans discernement. Puis arrive la vieillesse ; les besoins, les ennuis, les deuils s'accumulent autour d'eux et ils descendent de scène en pleurant. Mais si vous connaissez le véritable Art de vivre, l'art de vous remettre à la grâce de Dieu, vous apprendrez à trouver la joie même au milieu de toutes les adversités, car vous saurez que plaisirs et tristesses, comme la nuit et le jour, se succèdent naturellement dans la grande ordonnance de l'univers.

54.

On reconnaît un homme vraiment religieux à ses actes de piété, comme on reconnaît une mère à son amour pour ses enfants, une épouse à son amour et sa dévotion pour son mari. Il est oiseux d'afficher un grand respect pour la religion si vous ne menez pas vous-même une vie religieuse dans vos pensées et dans vos actions. Vous pouvez passer tout votre temps en jeûnes, vigiles, austérités, mais s'il n'y a pas un vrai fond d'amour et de dévotion, votre effort restera purement mécanique. Faites un sérieux examen de conscience et essayez de corriger tout ce qui vous empêtre dans vos mobiles et dans vos désirs. Accomplissez les tâches qui vous incombent sur les différents plans et allez toujours de l'avant. Un moment viendra où vos pensées seront en harmonie avec vos actions. Et cela vous aidera beaucoup à parvenir à la réalisation.

55.

Il y a la langue des papilles gustatives qui doivent être excitées par des stimulants appropriés pour que vous éprouviez des saveur douces et amères ou acides. Et c'est la même langue qui vous fait trouver ces saveurs dans différents objets. Le corps humain est l'univers en miniature ; il réagit de différentes manières à différentes situations. C'est un mécanisme étonnant. Si vous le mettez au milieu des plaisirs mondains, il y réagit admirablement et entraîne votre âme sur des sentiers qui n'ont jamais de fin. Si vous le consacrez à une discipline religieuse, il y reste ferme comme un roc. Mais le corps a lui aussi ses limitations. Tant que vous n'êtes pas arrivé de l'autre côté de la rivière, le bac vous est absolument nécessaire ; une fois la rivière passée, il perd beaucoup de son importance. De même, on accorde peu d'attention au corps et au monde lorsque le sens du moi s'est fondu dans la connaissance du Moi universel.

56.

Toute chose doit avoir un noyau autour duquel les sensations puissent se développer. Plus votre esprit trouve son centre, et plus haute est la note de santé, de paix, de tranquillité. Et alors un aperçu de l'Infini peut devenir possible. Choisissez une image ou une silhouette ou un symbole ou un son comme centre de votre pensée et tenez-vous y constamment. Votre esprit viendra y chercher le repos lorsqu'il aura erré à l'aventure. Un sentiment de dévotion se développera peu à peu et Dieu sera installé sur l'autel de votre cœur. A notre époque, il est très difficile pour un adorateur d'acquérir une conception du Divin, soit par les méthodes de yoga, soit en cherchant à fondre le moi individuel dans le Moi universel.

yoga

57.

Pourquoi tâtonner dans l'obscurité ? Demandez de la lumière, et toujours plus de lumière. Pendant combien de temps un bougeoir ou une lampe électrique vous éclaireront-ils ? Dès que la source d'énergie vient à manquer, la lumière s'éteint. Essayez d'éclairer le monde avec une lumière qui ne puisse jamais s'éteindre. Quelle est-elle ? C'est la confiance absolue en Dieu et un amour sans bornes pour Lui. Efforcez-vous d'égayer tous les foyers du monde en fournissant un tel idéal. Il illuminera tous les aspects de l'existence, intérieurs et extérieurs. Mais observez bien l'esprit de notre époque. Ce sont les femmes qui seront au gouvernail et les hommes qui rameront. Si vous voulez arriver à un certain succès, faites-vous aider par des femmes. Il est indispensable que les filles soient entraînées, comme les garçons, à changer les louanges de Dieu, à lire les Écritures sacrées (Bhâgavad-Gitâ et Bhâgavata-Purâna), à concentrer, quand elles sont jeunes, leurs forces mentales et morales sur la prière et la méditation et à rechercher la compagnie des cœurs bons et nobles. Ainsi garçons et filles verront leur conception de la vie s'améliorer grandement. Si vous reconstruisez la société hindoue sur la base du *brahmacharya*[1], comme autrefois, et selon ce que je viens de vous indiquer, il naîtra un nouvel ordre de choses.

1. Le *brahmacharya* est la chasteté absolue, en pensées, en paroles et en actions. Il désigne aussi le premier des quatre stades de la vie orthodoxe chez les hindous, le stade consacré à l'étude sous la direction d'un maître spirituel, et qui précède la vie de famille. Voir aussi Pensée 75.

58.

Vous voulez vivre une vie de *sannyâsin*[1] ? Alors essayez de vivre continuellement dans le vide. Quiconque se dit *sannyâsin* et dépend d'autrui pour sa subsistance n'est un *sannyâsin* que de nom. Il en est encore à vouloir passer le seuil de l'ordre. Le vrai *sannyâsin*, c'est celui qui a renoncé, au nom de Dieu, à tous ses biens et les a laissés partir à la dérive dans le vide éternel. Tant que vous ressentez quelque désir pour les conforts et les agréments de la vie, une soif pour l'argent ou un attachement aux choses de ce monde, vous

1. Le *sannyâsin* est celui qui a embrassé la vie de complet renoncement, le moine, généralement errant et mendiant. C'est aussi celui qui est arrivé au quatrième stade de la vie orthodoxe hindoue, car c'est dans cet état que tout hindou doit achever son existence sur terre. En fait beaucoup le font, encore de nos jours. La vie du *sannyâsin* a été illustré par Swâmi Râmdâs dans son *Carnet de pèlerinage*, éd. Albin Michel.

feriez mieux de vivre la vie de famille. Il n'y a dans le monde que très peu de vrai *sannyâsins*. Ceux qui entrent dans cet ordre ne pourront qu'y apporter le désordre et la confusion s'ils ne mènent pas une vie de consécration désintéressée au bien du monde, et s'ils ne se conforment pas aux idéals exposés dans les Shâstras. Celui qui, tout en gardant l'attitude du *sannyâsin*, choisit la vie de famille mérite les plus grands éloges. Mais celui qui revêt la robe du *sannyâsin* sans en vivre la vie doit être blâmé, car non seulement il se fait beaucoup de mal à soi-même, mais il avilit les idéals de ce bel ordre religieux.

. lire les shâstras

. lire aussi Bhâgavata purâna

59.

Si vous ne vous écartez pas de la bousculade et de la confusion de la vie, vous ne pourrez pas réaliser Dieu. Pour ceux qui désirent Le réaliser, les Himâlayas sont un lieu de prédilection ; la nature y est dans toute sa magnifique splendeur et sa paix sublime. Dans un tel milieu, il est facile à la fois de contempler l'Infini et de s'examiner soi-même. Pour ceux qui font reposer leur *sâdhanâ* sur la culture de *bhakti* (amour pour Dieu) ou de quelque autre noble sentiment, c'est le bord de la mer qui est préférable. Là en effet on peut voir les vagues se succéder, comme les émotions ; elles vous frappent au cœur et vous conduisent vers Celui est est par-delà toutes les limites des impulsions émotives. Pour ceux qui commencent leur *sâdhanâ*, il est utile de trouver un joli coin dans un beau paysage. Pour celui qui vit en famille, un endroit consacré dans une pièce de la maison a beaucoup d'avantages. Mais pour l'être évolué dont le cœur déborde d'amour pour Dieu, qui Lui a tout donné et qui Le découvre partout, tous les endroits sont également bons. Maîtrisez vos pensées vagabondes, essayez de vous élever au-dessus des fluctuations de la vie, et vous verrez disparaître toute votre anxiété au sujet du lieu propice à la *sâdhanâ*.

60.

Vous voulez être un serviteur dévoué de Dieu ? Alors il faut que vos paroles et vos pensées soient nettes de toute souillure d'égoïsme, et vous ne devez plus attacher autant de valeur à votre intelligence et à votre faculté de raisonnement. Le petit enfant, qui est couché dans ses excréments, tend les mains vers sa mère et veut aller sur ses genoux ; et comme l'enfant ne connaît personne d'autre qu'elle, la maman n'hésite pas à le serrer sur son cœur, après l'avoir elle-même lavé. C'est là qu'on voit jouer le véritable amour. Dans l'adoration de Dieu par un amour pur et sans égoïsme, aucune cérémonie spéciale, ni aucune formule n'est indispensable. Essayez d'acquérir ce genre d'attitude et vous pourrez entrer dans le sein du Père. Si au contraire vous voulez compter sur votre intelligence et votre raison, c'est sur vous que reposera toute la charge de votre progression. Et rappelez-vous que dans vos vies antérieures, où vous vous êtes laissé guider par votre intelligence, vous avez eu bien des hauts et des bas. Cette fois-ci, jetez-vous sans réserve dans Ses bras, comme un enfant abandonné, et vous serez libéré de toutes les pensées qui viennent vous distraire. Rappelez-vous que si vous n'êtes pas simple et sincère, vous ne pourrez pas Le trouver.

61.

Le travail sur le plan physique est tout différent du travail sur le plan spirituel. Dans le premier, toutes choses trouvent leur expression dans des formes, des couleurs et des sons, tandis que dans le second les pensées et les idées, les émotions et les sentiments montent silencieusement à la surface des régions conscientes et subconscientes en vous, sans prendre aucun revêtement matériel. Et le jeu du monde extérieur est actionné par les ressorts intérieurs. La source du Gange est cachée dans les replis secrets des Himâlayas, mais ses eaux donnent la vie à beaucoup de villages florissants dans les plaines de l'Inde. C'est l'Idée qui donne naissance aux divers modes d'activité, qui les entretient et qui les mène à leur parachèvement. Tant que le désir d'action reste fort en vous, continuez d'agir. Cela vous fera du bien. Mais un moment viendra où ce désir aussi s'affaiblira ; un désir d'activité intérieure prendra alors sa place.

62.

Plus vous avancez en âge, plus la pression du monde s'accentue et plus vous avez tous tendance à vous rapetisser. Mais vous avez dû voir certains saints qui agissent toujours sans crainte, le cœur plein d'amour et entièrement libres dans toutes les circonstances de la vie. Tandis que votre vie à vous est toujours paralysée par la crainte et la détresse. Essayez d'être forts, de secouer toutes les craintes, et de faire progresser le bien dans le monde par un travail désintéressé qui occupe toute votre vie.

63.

Le grand gouffre qui sépare Dieu et l'homme existe de toute éternité. Dieu demande sans cesse à l'âme humaine de venir à Lui, mais l'homme, empêtré dans le filet de son *karma*, n'entend pas le grand appel. Ceux qui passent leur vie dans la prière découvrent que l'abîme entre le Créateur et la créature est justement ce qui les invite à s'unir. Et l'espérance d'une telle union recèle encore plus de béatitude que cette union elle-même. Plus grands sont le désir d'une telle communion et la foi en elle, plus intense est l'effort de l'âme ; l'impatience de Le trouver et de Le prier est poussée à l'extrême. N'avez-vous jamais entendu, dans les Himâlayas, deux oiseaux s'appeler de deux sommets différents ? Chacun des deux entend l'appel de l'autre, et, bien qu'ils s'aiment tendrement, ils ne se rapprochent pas, mais continuent à s'appeler et à jouir de ce dialogue. On ne peut remédier au grand déchirement que nous cause la séparation d'avec Dieu qu'en appelant Dieu et en écoutant Sa voix qui nous parle du plus profond de notre âme. Ce sens de la séparation est ce dont nous avons absolument besoin, Le désir de trouver le Bien-Aimé nous incite à des efforts beaucoup plus grands que nous n'en ferions par simple sens du devoir.

L'idée d'un gouvernement autonome n'est pas nouvelle dans l'Inde, mais elle a reçu récemment la plus puissante impulsion parce que nous avons senti qu'il nous *manque* quelque chose : les moyens de nous développer. Entretenez votre désir de trouver Dieu et cherchez à le satisfaire par tous les bons moyens de vous développer. Ainsi votre nature s'affinera, votre pensée se retirera complètement de toutes les préoccupations de ce monde et vous compterez entièrement sur Lui.

64.

Beaucoup de gens, jeunes et vieux, disent souvent : « Il est partout. Alors pourquoi L'appeler ? A-t-il besoin de quelque chose que nous puissions lui donner ? » Les pierres précieuses sont profondément enfouies dans le sol et on ne peut les en extraire qu'au prix de grands labeurs. De même, l'homme ne peut Le réaliser et profiter de Sa compassion qu'après s'être débarrassé, par la prière et par l'introspection, de toute l'ignorance et de toutes les impuretés de la vie. Si la question que je vous citais a pu se poser à un homme, c'est probablement que cet homme avait envie de connaître Dieu, même s'il ne s'en rendait pas compte. Arrivé à ce stade, on doit tout faire pour prier davantage chaque jour. Y a-t-il personne qui Le cherche sans raison ? Quand un être humain est très abattu par la souffrance, il L'appelle au secours. Et quand Il fait entendre sa réponse aux prières, l'homme éprouve une grande joie à

L'appeler. Tandis que vous progressez dans la vie, soit volontairement, soit sous la pression de la douleur, essayez de penser à Son nom ; cela allégera sensiblement votre fardeau.

65.

Vous donnez souvent pour excuse : « Peut-on L'appeler si l'on n'a pas d'abord reçu Sa grâce ? » Vous semblez oublier que c'est uniquement par Sa grâce que vous êtes actuellement en vie. Si vous vous examinez patiemment, vous découvrirez que Sa compassion embrasse tout. Or le monde renferme beaucoup de choses ; les grouper pour en faire ce qui est utile et commode nécessite de nombreuses machines. Faites de votre mieux pour puiser Sa divine grâce dans tous les incidents de la vie, et vous Le verrez face à face. C'est dans les œuvres qu'Il se révèle ; travaillez avec un esprit propre, et sans aucun but égoïste. Par la force de la prière, dénouez tous les lourds nœuds de la vie. Vous trouverez que Sa présence baigne tout, comme la lumière du soleil ou de la lune.

66.

Sous quelque forme qu'elle se présente, la faiblesse est péché. C'est pour cela qu'il vous est très nécessaire d'acquérir et de conserver la vigueur physique et mentale. Une nourriture saine prise en quantité modérée est tout aussi nécessaire pour sustenter le corps que le sont pour l'esprit des pensées nobles et pures et la confiance en Dieu. Quand le corps et l'esprit travaillent bien, harmonieusement, il est facile de trouver le grand Guide qui mène les deux voitures.

67.

Pour que dans une ville l'approvisionnement en eau soit assuré sans interruption, il faut que les pompes fonctionnent jour et nuit. Pour que votre cœur soit plein de la joie de la communion divine, il faut constamment garder Son nom sur vos lèvres, ne parler que des vérités divines et pratiquer le *japa*[1] ou la méditation. Si ce n'est pas possible, organisez des *kîrtanas*, des *pûjâs*, du *janjna*, faites des pèlerinages, etc., afin que votre cœur puisse constamment se développer sous de divines influences. Et ce sera mieux encore si

1. Le *japa* est la répétition d'une formule sacrée ou *mantra*, qui comprend généralement un des noms du Divin et la syllabe mystique AUM. Pour le *japa*, qui constitue un véritable *yoga*, mais que l'on emploie aussi comme discipline accessoire dans d'autres *yogas*, on se sert souvent d'un chapelet de 108 grains, dont la matière varie selon la religion à laquelle on se rattache. Cf. Swâmi Râmdâs, *Pensées*, §§ 113 à 128. Voir aussi Pensée 85 ci-après.

vous pouvez constamment vous souvenir que c'est Lui qui dirige toute votre activité. Récitez Son nom jour et nuit, chaque fois que vous respirez ; si vous y parvenez, vous remplirez tous vos devoirs dans le monde aussi mécaniquement qu'une marionnette.

68.

Savez-vous ce que c'est que le véritable culte ? C'est l'expression de l'amour de Dieu. Regardez une bouilloire sur le feu. La vapeur qui est à l'intérieur soulève le couvercle et vous avez de la peine à le maintenir en place. Quand vous répétez le nom de Dieu pendant un certain temps, le sentiment d'amour divin s'éveille en vous et il devient difficile de lui assigner des limites. Ce sentiment mûrit peu à peu, et on arrive à le posséder par une dévotion constante et par des exercices religieux. Derrière toutes les émotions spirituelles, il y a *mahâbhâva*[1] qui fournit toute la force motrice et qui permet de comprendre le Divin. Il ne sert à rien de faire acte d'adoration si le cœur ne s'élève

1. *Mahâbhâva* est, selon Shrî Râmakrishna, « le summum de la conscience de Dieu ». C'est le stade de la *bhakti* qui précède immédiatement (ou accompagne) *prema*, l'amour extatique.

pas. Il y a beaucoup de gens qui se groupent pour faire un *samkîrtana*, pour chanter et faire de la musique, mais si le véritable sentiment d'amour pour le Divin en est absent, tout cela ne mène à rien. Il faut toujours veiller à ce que chaque acte de dévotion s'accomplisse dans la pureté de pensée et l'unité de but. Plus haut est l'amour pour Dieu qui pousse à faire l'acte et plus grand en est le profit. Essayez de toujours demeurer dans cette pensée qu'Il est l'ultime abri dans votre vie, et alors vous verrez que Son amour vous enveloppe de toutes parts. Mettez de plus en plus de bois dans le feu, et les flammes monteront de plus en plus haut.

69.

Vous dites parfois que l'égoïsme[1] est la racine de tout mal, mais en fait ce n'est pas vrai. L'ego peut aussi être appelé force de volonté ou effort personnel. L'égoïsme est la cause de la naissance et de la mort, mais il peut aussi travailler pour notre salut. L'ego crée un vide entre l'homme et Dieu, et pour combler ce vide on a besoin de la force de volonté qui est la puissance de l'ego. L'homme qui a fondu son ego dans la Volonté universelle peut compter sur l'action du Divin, mais celui qui a un fort sens de personnalité doit

1. Il faut ici entendre « égoïsme » non seulement au sens que nous donnons habituellement à ce terme, mais aussi au sens philosophique de sentiment de l'ego, conscience d'une individualité distincte de celle de Dieu, de celles des autres hommes et de celle de la nature, sens de l'individuation. Ce sentiment de séparativité est dans la philosophie hindoue considéré comme la cause des naissances et par conséquent des morts successives.

mettre dans ses actes beaucoup d'effort personnel. Tant que la puissance de l'intelligence est active en vous, il faut employer toutes les forces de l'ego pour déterminer le cours de votre action selon la pureté et la dévotion. Peu à peu l'ego se détachera de tout *karma* et tous ses soucis diminueront jusqu'à ce que finalement il se dissolve.

70.

Bien que Dieu soit toujours présent en vous, et qu'Il imprègne votre nature intérieure et votre nature extérieure, il vous faut toujours Le garder présent à l'esprit dans toutes vos pensées et toutes vos actions. En effet, les *samskâras*[1] qui vous viennent de vos vies antérieures ont tellement obscurci votre âme qu'il vous est très difficile de vous concentrer sur Lui. Le feu sèche le bois et le transforme en flamme ; de même une soif ardente de la bénédiction divine diminue le désir de l'homme pour les plaisirs de ce monde, dès que l'esprit a un aperçu de la Béatitude éternelle. En résumé, même quand vous recherchez la gloire de

---

1. Les *samskâras* sont les traces laissées en nous par les actions et les pensées de notre vie actuelle et de nos vies antérieures. Ces traces ont pour conséquence des tendances dont nous sommes appelés à subir les conséquences. Voir Pensée 98.

ce monde, gardez toujours un œil sur Dieu. Je ne conseille à personne de quitter le monde et de se retirer dans la forêt. Tout ce que je vous demande, c'est de mener une vie pure et religieuse. Les bâtiments du Trésor public n'ont aucun sens s'ils ne contiennent pas de trésor. De même la vie ne vaut guère d'être vécue si la religion n'y a aucune place.

71.

Il y a une grande vérité dans ce dicton que la destinée doit suivre son cours. Étudiez les événements de votre propre vie, et vous verrez que le libre arbitre ne peut pas accomplir grand chose ; des forces invisibles jouent un rôle considérable dans ce qui détermine notre action. Ce monde est réglé à la perfection par la Volonté divine. Si vous pouvez rester fermement convaincu que le Père divin vous dirige pour votre bien, quelles que soient les circonstances où Il vous place, votre confiance en Lui en sera renforcée, et votre foi et votre vénération pour la Puissance divine vous ouvriront les yeux.

72.

Cela sonne agréablement à l'oreille de dire que nulle activité n'est possible hors la volonté de Dieu. Mais nous agissons de telle sorte que nous puissions finalement goûter des jouissances sensorielles. Et c'est à cause de cela que nous nous laissons troubler par l'échec ou le succès. Si votre véritable but est de servir le Maître, pourquoi tant vous soucier du résultat de vos actions ? Rappelez-vous toujours que tout ce que vous faites, réussi ou non, sert Son dessein. Tenez-vous ferme à cet idéal, et vous ne serez plus dérangé par le produit, bon ou mauvais, de votre action. Dans tout travail que vous faites, et à tous les stades, gardez Dieu au premier plan. Votre esprit sera en paix si vous Lui dédiez tous les fruits.

73.

Au commencement de la création, il n'y avait que la Grande Mère, ou Mahâmâyâ, qui est le Principe éternel. Quand Elle voulut commencer le Jeu de la vie, Elle se divisa en deux : Mâ (la mère) et Mâyâ (son attitude changeante). Et alors Elle entra en scène. La Mère se cacha dans les œuvres qu'Elle avait créées. Quand l'âme humaine a été durement frappée, bousculée, flagellée par le monde, et qu'elle s'éveille de son profond sommeil, elle commence à chercher la Mère derrière toutes les phases changeantes de Sa création. Par Sa grâce, l'âme parvient à voir Sa forme et Son rôle originels. Mais l'âme humaine ne s'en tient pas là. Une fois qu'elle a vu luire cette conception de la Grande Mère, elle se perd dans l'océan de la Béatitude divine. Vous voyez ainsi que ce que l'on appelle Mâyâ sur le plan du monde, c'est Mâhâmâyâ sur le plan spirituel. Les deux sont identiques en essence bien que leurs rôles soient différents. Jouissez des beautés du monde et vous éprouverez une grande joie ; aimez les choses divines et vous connaîtrez une béatitude sans fin. La première est fugitive, tandis que la seconde dure à jamais. Les deux ont leur utilité. La Mère vous donne exactement ce que vous désirez avec force, et en même temps Elle prépare votre âme pour le but, où disparaît la dualité de la Mère et de Son monde illusoire.

74.

Combien de temps pouvez-vous être guidé par l'éclairage que donnent le soleil, la lune et les autres sources de lumière ? Quand les yeux cessent de voir et le corps de vivre, quand l'intellect s'embrume, vous êtes bien obligé de tâtonner dans les ténèbres. Pourquoi n'essayez-vous pas d'allumer la lumière intérieure ? Purifiez votre pensée par l'introspection et prenez le nom du Seigneur, cela éveillera l'esprit qui dort en vous. Que la flamme de la vie intérieure soit alimentée par la prière et les bonnes fréquentations ; elle illuminera votre nature intérieure et votre nature extérieure, elle brûlera toujours en vous sans vaciller et finalement elle vous guidera sur le chemin de la réalisation, malgré les doutes et l'obscurité.

75.

Le *karma*, le travail, consiste à s'efforcer avec un noble motif. De celui qui accomplit sa tâche normale, on dit qu'il fait son devoir. Tout travail sera pour vous un devoir, que vous vous consacriez à quelque haute mission ou que vous borniez votre attention aux préoccupations courantes de la vie. Il n'existe pas de critérium absolu du devoir ; c'est le milieu qui en détermine la nature et la valeur. Penser à Dieu est pour l'homme un devoir essentiel, mais l'homme l'a bien oublié ! Jadis la vie humaine comportait ses quatre périodes distinctes et successives : le *brahmacharya*, où l'on emmagasine sa force vitale pour arriver à la connaissance de Dieu, le *garhasthya* ou vie de famille, le *vanaprastha* ou retraite dans la contemplation divine et le *sannyâsa* ou vie de renoncement. La vie du *grihastha*, du chef de famille, est la seule qu'on observe de nos jours. Et c'est pourquoi nous n'avons plus dans notre vie toutes ces occasions de nous discipliner par la maîtrise de soi, la jouissance des biens de ce monde et le renoncement. On commence maintenant la vie par la jouissance des plaisirs du monde et l'on conserve la même attitude jusqu'à la fin. Les gens n'ont plus la conception et la compréhension de la vie qui autrefois les faisaient penser à Dieu et à l'au-delà. La poursuite incessante d'intérêts égoïstes émousse notre sens du devoir tant envers nous-mêmes qu'envers la société. Pour donner à la vie humaine sa dignité et sa liberté naturelles, il faut lui inculquer, dans l'harmonie, la pureté de pensée, la reconnaissance des valeurs spirituelles et un sens du devoir.

76.

Dans la vie du monde, les hommes accroissent leurs possessions et s'enrichissent en ajoutant toujours d'autres chiffres après l'unité ; dans la vie spirituelle au contraire, le dévot quitte ses biens matériels, cherche à ne jamais perdre de vue l'Unique et finalement atteint l'ultime Vérité qui est une. Les deux voies divergent. Vous devriez réfléchir sérieusement à ce fait que nos acquisitions terrestres perdent toute signification si elles ne conduisent pas à l'Un. Ayez donc toujours une foi solide en l'Être suprême et continuez d'accomplir votre devoir avec ce but unique devant vous.

77.

La *sâdhanâ*, la culture de la vie spirituelle, implique un effort pour acquérir ce qui est votre trésor naturel. Or le plus haut trésor de votre vie est Dieu. D'une façon générale, tout ce que vous faites est de la *sâdhanâ*, vous êtes le dévot et Dieu est le but. Quand le sens de ce monde est fort en vous, vous travaillez pour obtenir des résultats matériels, bien que la pensée du Divin soit en réalité toujours cachée derrière tout ce que vous faites ; la raison en est que même une feuille d'arbre ne peut frémir sans qu'Il le veuille, et que chacune de vos actions va jusqu'à lui. C'est un axiome. La vie du mondain est une adoration de ses propres besoins, avec une idée dominante de possession et, pour objectif, la jouissance personnelle. Tant que votre âme n'est pas épuisée par les souffrances, les privations, les injures, les disgrâces et les deuils que vous dispense la vie, vous continuez vigoureusement vos efforts pour accumuler des richesses matérielles, et cela constitue pour le moment votre *sâdhanâ*. C'est une phase nécessaire. Elle éveille en votre esprit la vraie nature de ce que vous êtes. Puis il se développe en vous un désir d'acquérir le véritable trésor de votre vie et de trouver en lui le repos définitif. A cette étape votre *sâdhanâ* prend une direction nouvelle. Vous ne travaillez plus pour vous-même, mais pour le bien de tous. Toute votre activité vous conduit au sacrifice, au renoncement *(vairâgya)* et à l'amour qui forment la base de toutes les religions.

78.

La pureté de l'esprit a pour condition l'observation des rites sacrés et des exercices prescrits par les Shâstras. On dit que la maison construite sur de bons *âchâras*[1], sur la vertu, résiste à toutes les tempêtes. Il faut observer dans la vie toutes les règles et les pratiques qui tendent à rendre purs le corps et l'esprit. Si vous voulez rendre visite à un roi, vous vous pliez à un certain décorum ; pour avoir une vision de Dieu, il faut cultiver des pensées divines, purifier vos mobiles et vos actes et être toujours sur vos gardes.

1. L'*âchâra* est l'observation dans la vie pratique d'une règle de conduite généralement admise.

79.

L'homme qui est solidement installé dans la bonté essentielle à la nature humaine, on l'appelle un saint. Il est indifférent aux plaisirs de ce monde et il connaît le secret du Moi ; il est toujours plongé dans la joie de la communion divine. Possédant un amour universel, il n'a pas de soucis. Son esprit, comme celui d'un enfant, est sincère, joyeux, libre de tout égoïsme. La vue d'un tel homme nous inspire. Sa société éveille en nous le désir de connaître Dieu et purge l'âme de toute pensée impure, tout comme un jet d'eau nettoie un objet poussiéreux. La vue seule d'un *sant*, d'un saint, son toucher et même sa bénédiction ont le même pouvoir. Les *sants* sont des êtres qui ont enrichi leur âme de la grâce de Dieu. C'est pour cela que leur fréquentation est tellement précieuse. Qui se ressemble s'assemble, et pour la culture spirituelle il faut l'Inspiration que donnent les saints. De même que l'arbre nous montre toujours le ciel, ils conservent une paisible sérénité. Ils n'ont ni attachement ni antipathie pour qui que ce soit. Quiconque cherche leur grâce l'obtient. Quand s'éveille en notre âme un grand désir de connaître le secret du Moi, les *sants* apparaissent devant nous. Il faut s'approcher d'eux l'esprit ouvert, avec beaucoup de foi et de vénération. Asseyez-vous devant eux en silence et pensez à Dieu Cela vous profitera beaucoup plus que des études personnelles ou de grands discours. Nous ne pouvons pas les imiter, mais nous pouvons essayer d'appliquer leurs enseignements dans notre vie. Ce serait pour vous une bien triste aventure si les enseignements des saints périssaient en vous faute d'y avoir trouvé un sol vierge.

80.

Il y a trois moyens de se débarrasser des servitudes du monde : 1° le *karma* et la prière, c'est-à-dire l'accomplissement de bonnes actions avec pour but le bien de votre corps, de votre esprit et du monde en obéissance aux lois de nature. Prendre le nom de Dieu mentalement ou oralement et parler des vérités divines ; 2° chercher les réalités de l'existence par une méditation constante et en renonçant à toute autre pensée ; 3° l'existence de repos ou de relaxation. C'est la fin de tout effort personnel, le sens de l'identité entre le corps et l'âme a été arraché. Le résultat final est la réalisation de l'égalité de tous les êtres et le repos dans la Vérité absolue.

81.

L'*ektara*[1] ne peut donner qu'un accord, tandis que l'harmonium peut donner sept notes. Les notes variées de l'harmonium plaisent à beaucoup de gens, mais pour les gens réfléchis le son unique, bien que monotone, de l'*ektara* est agréable parce que les sept notes sont toutes des dérivés de cette note originelle. Considérez votre corps comme l'*ektara*, fixez-y la corde de votre pensée et jouez continuellement sur lui le chant de Dieu. Ainsi vous arriverez à aimer la musique divine ; rien d'autre ne vous apportera la joie.

---

1. L'ektara est un instrument de musique à une seule corde. Il n'est pas rare, dans la musique instrumentale hindoue, que l'un des instruments, par exemple le petit harmonium à main, tienne une seule et même note pendant toute la durée d'un morceau, faisant ainsi une sorte de « toile de fond » sur laquelle se déroule la mélodie.

82.

Les pensées rident notre esprit tout comme le vent ride la surface de l'eau. Essayez de chasser les pensées et d'arriver à la sérénité en rendant votre esprit aussi vide que possible. Observez de temps à autre le vœu de silence ; cela augmentera considérablement votre pouvoir de concentration. Toutes les fois que vous voyez des pensées mondaines envahir votre esprit, chassez-les résolument par tous les moyens qui sont en votre pouvoir.

83.

De même que l'on peut clarifier un sirop de sucre en le faisant bouillir avec quelques gouttes de lait, de même vous pouvez enlever les *samskâras* qui obscurcissent votre esprit, en ayant des pensées de Dieu. Les mondains ne commencent en général de s'adonner aux exercices religieux que lorsqu'ils sont vieux, et ils s'en fatiguent vite et ne savent plus quoi faire. C'est pourquoi l'homme doit s'engager jeune dans la voie de la religion et modeler sa vie en y donnant la toute première place à la pensée de Dieu. S'il s'y prend à temps, il n'aura pas dans sa vieillesse à mendier la grâce de Dieu en pleurnichant. N'oubliez jamais cela, c'est très important. L'argent et les richesses que vous gagnez sont pour entretenir le corps : la culture des vertus est tout aussi nécessaire pour l'âme. Un rustre illettré qui est le fils de parents distingués et cultivés est un objet de dérision, mais si après avoir atteint en l'homme la plus haute phase de l'évolution, vous n'arriverez pas à connaître votre Moi, vous serez encore bien plus à plaindre que lui.

84.

Tout être a besoin de maîtrise de soi. Pour bien édifier son corps physique, il faut observer toutes les règles et se soumettre à une discipline rigoureuse. Au fur et à mesure que le corps se développe sous la stricte surveillance nécessaire, le mental se rend de mieux en mieux compte de la nécessité d'une maîtrise intérieure exercée sur toutes les tendances. Lorsque le corps et la pensée sont tous deux convenablement disciplinés, alors s'éveille le désir de connaître le Moi Il ne faut donc pas se désintéresser de la maîtrise du corps et de la pensée, il faut se consacrer aux œuvres de piété ; les expériences supérieures de la vie en deviendront d'autant plus faciles. Tant que vous avez à pourvoir aux besoins du corps, le travail est une nécessité. Rappelez-vous toujours que la vie religieuse est possible seulement pour ceux qui savent se tenir en main, comme l'avare qui amasse de l'argent ou l'abeille qui emmagasine du miel.

85.

Voyons ! Prononcez le nom de Dieu à chaque grain de chapelet qui passe entre vos doigts ; si vous n'y arrivez pas, prononcez Son nom régulièrement et obstinément comme le tic-tac d'une horloge. Il n'y a pas de règle spéciale prescrite pour cela. Choisissez le nom de Dieu qui vous attire le plus et continuez à le répéter même si cela vous ennuie, tout comme vous avaleriez un médicament au goût amer. Un jour viendra où vous découvrirez dans votre chapelet un grain « astral » qui avance toujours et chante, sans jamais s'arrêter, la gloire de l'Être suprême. Cette musique vous semblera emplir l'air et le ciel, la terre et la mer et se répandre dans tout l'univers. C'est ce qu'on appelle la Présence immanente de Son nom. C'est avec Son nom et Sa forme que ce monde a commencé d'exister, et il prend fin aussi avec Son nom. Quand par le nom l'adorateur a été conduit à la perfection, il se perd en ce nom ; alors son ego fond, et le monde aussi disparaît du champ de toute expérience. A ce moment, ce qui existe, et aussi ce qui n'existe pas, devient trop profond pour pouvoir être exprimé par l'homme, bien que par moments l'homme puisse en avoir un aperçu.

86.

Si vous considérez le monde comme une illusion, il en est une ; mais si au contraire vous sentez qu'il existe, eh bien ! il existe ! Il y a des gens pour défendre chacune de ces deux conceptions. Il y a des gens qui soutiennent que les dieux et les déesses n'existent pas. Et il y en a d'autres qui vous affirment qu'ils existent et que si nous les implorons avec ferveur, ils apparaissent devant nos yeux sous une forme matérielle et qu'on peut entendre leur voix.

Un enfant considère ses poupées et ses jouets comme des êtres vivants, mais quand il avance en âge il s'aperçoit qu'ils n'en sont pas. Ainsi votre foi dans les choses semble être déterminée par la force de vos pensées et de vos émotions du moment. Quand vos pensées et vos émotions sont orientées dans un chenal particulier, vos désirs intenses et vos *samskâras* peuvent prendre une forme visible et peuvent même trouver expression en une voix audible. Ce sont là quelques-unes des expériences nouvelles et passagères de l'adorateur sérieux. Lorsque dans la vie spirituelle nous progressons et nous nous perdons en un courant ininterrompu de méditation sur Dieu, ces expériences, qui sont divines, mais partielles, sont fréquentes. Elles nous aident à progresser sur la route, mais il ne faut pas les prendre pour but.

L'eau s'en va en vapeur et la vapeur forme des nuages, mais les nuages n'ont de sens que s'ils se condensent en gouttes de pluie et arrosent la terre assoiffée. De même votre *sâdhanâ* ne vous conduira pas à la perfection tant que votre âme n'aura pas trouvé un repos durable en le Dieu universel.

87.

Voulez-vous être délivré des chaînes de ce monde ? Alors la seule chose à faire est d'implorer ainsi la Mère avec des yeux ruisselants de larmes : « Mère, délivre-moi ! délivre-moi ! » Pour obtenir Sa grâce il vous faudra pleurer beaucoup plus que vous ne le faites pour assouvir vos désirs matériels. Il faut que toutes les barrières entre la nature intérieure et la nature extérieure soient balayées par vos larmes. Alors la Mère, qui est l'objet de votre recherche, apparaîtra, très proche de votre cœur, comme le grand Principe de vie.

88.

Être reconnaissant à Dieu, chanter des cantiques, prier dans les larmes, tout cela est excellent Cela purifie l'esprit et le conduit à la sérénité. Alors la foi en Dieu devient forte et l'âme obtient quelques aperçus de la Vérité éternelle. Mais ces trois modes d'action sont toujours instables ; aussi est-il nécessaire d'y joindre la contemplation et la concentration. Il faut apprendre à plonger profondément dans la pensée et à s'y perdre ; si l'on se borne à flotter sur la surface, ridée par le vent, de la Vérité, on gaspille beaucoup d'énergie. Les *samskâras* de vos nombreuses vies antérieures ont poussé profondément dans votre nature de longues et fortes racines, et pour les détruire il faut y appliquer la hache d'une main ferme. Essayez chaque jour, pendant aussi longtemps que vous le pourrez, de retourner vers l'intérieur vos sens qui ont tendance à s'extérioriser, et de tendre vers Lui les antennes de votre âme.

89.

Si vous voulez éveiller dans votre famille un esprit religieux, il ne suffit pas que vous meniez vous-même une vie pieuse. Il faut que vous ameniez votre femme, vos enfants et les autres membres de la maisonnée à s'intéresser aux choses divines ; cette atmosphère vous aidera aussi grandement dans votre propre progression. L'après-midi, que toute la famille se réunisse et s'engage dans le *kîrtana* et les conversations religieuses Ceux qui font de Dieu leur refuge restent fermes à l'heure du danger et leur attachement aux choses de ce monde se relâche peu à peu.

90.

Vous dites que vous voulez échapper aux attaches de ce monde. Mais en réalité il n'y a aucun moyen d'y arriver si l'on n'est pas guidé d'en haut. Le cerf-volant peut-il planer si personne ne tient la ficelle ? L'avion peut-il voler sans pilote ? Pour vous libérer de la servitude, ayez du courage et, avec une sévère détermination, filez vers le but comme une flèche, comme l'oiseau qui s'échappe sans donner une pensée à sa cage dorée et à la nourriture raffinée qu'on lui servait. Ou encore remettez-vous entièrement entre Ses mains, comme un mourant que les médecins ont abandonné.

91.

La Béatitude divine ou *ânanda* et l'Ame éternelle ou *âtman* sont une seule et même chose. Savez-vous ce qu'est la vraie béatitude ? C'est ce qui ne dépend de rien d'autre. Elle est en soi parfaite, réelle, éternelle. Elle se révèle comme le soleil. Les plaisirs que vous avez dans la vie dépendent des sens et d'objets matériels, et ils sont toujours passagers, évanescents ; c'est d'ailleurs pourquoi vous devez sans cesse les rechercher. Quand vous en avez fini avec une chose matérielle, il vous en faut une autre pour que vous soyez content. Et cela n'a pas de fin. Ce dont vous avez le plus grand besoin, c'est le contentement et la paix de l'âme. Décidez d'obtenir tout votre bonheur de Celui qui est la source de tout *ânanda*. Si vous le décidez, vous n'aurez pas à frapper à toutes les portes, comme un mendiant avec son bol à aumônes, comme celui qui est esclave de mille désirs et de mille passions.

92.

Si vous disposez tous vos bureaux, vos tables, vos chaises, vos livres, vos papiers et vos plumes le plus artistiquement du monde, cela vous donnera-t-il la science ? Si vous passez tous vos jours et vos nuits à célébrer mécaniquement des cultes religieux, dans une véritable routine, cela vous donnera-t-il la paix ? Rappelez-vous bien que l'observation matérielle de tous les rites que l'on accomplit périodiquement sans y penser n'est d'aucun profit pour la vraie vie religieuse. *Tapasya* (exercice religieux) désigne la soumission au triple *tapas* (souffrance) normal sur les trois plans de l'existence : physique, mental et spirituel. Si vous n'êtes pas prêt à supporter tous les ennuis de la vie actuelle et de la suivante avec plus de courage que la moyenne des hommes, vous ne ferez aucun véritable progrès spirituel. Tenez solidement et fermement en main toutes vos passions. La plus légère trace de faiblesse de votre part vous fera manquer Celui qui est toute perfection. Prenez pour but Celui qui dirige l'univers, et le désir des plaisirs de ce monde vous quittera bientôt.

93.

De la plage du cap Comorin[1], vous verrez les vagues se précipiter l'une après l'autre sur le rivage, se briser et s'amortir et finalement disparaître dans l'infini, nul ne sait où. Ce monde est aussi comme un vaste océan où à chaque instant des objets sans nombre viennent à l'existence, puis s'évanouissent en fumée, et l'intellect humain ne parvient jamais à savoir d'où ils viennent et où ils vont. Ce flot incessant de la nature révèle le fait que naissance et mort, création et destruction ne sont pas des entités distinctes, mais l'Un éternel, qui Se transforme.

---

1. Le cap Comorin est l'extrême pointe méridionale de l'Inde. C'est un lieu de pèlerinage. La mer le borde de trois côtés.

94.

Beaucoup de gens grognent : « Nous avons reçu l'initiation des mains d'un grand maître *(sat-gourou)* et pourtant nous n'avons guère progressé spirituellement ! » S'il y a sur votre vêtement une toute petite tache d'encre, il est extrêmement difficile de la faire disparaître. N'est-il pas terriblement pénible d'effacer les taches profondes que l'on a très longtemps laissé subsister sur l'esprit ? Au lieu de compter uniquement sur le pouvoir salvateur du *gourou* ou du *mantra*[1], mettez donc un peu l'accent sur votre effort personnel ! On ne peut se cultiver religieusement ni par procuration, ni en s'en remettant passivement à des aides artificiels ; il faut compter sur les efforts honnêtes et sincères que l'on fait soi-même. Pour connaître le

1. Le *gourou* est le maître qui nous guide sur la voie spirituelle ; le *mantra* est la formule sacrée que le *gourou* donne au disciple lors de l'initiation.

moi, il faut travailler personnellement et animer du dedans les forces supérieures. Ayez une foi ardente en votre *gourou* et un profond respect pour son enseignement, et concentrez tout votre effort sur la prière avec grande dévotion ; alors le succès est certain.

95.

Comme l'indiquent les différents *yogas (jnâna, bhakti, râja)*, il n'y a pas de distinction absolue entre « moi » et « toi ». Tout se fond en l'Être infini unique. Tant que l'on est encore sur la route, les différences de doctrines apparaissent en foule. Une fois que l'on a plongé profondément dans l'océan, on n'est plus ballotté par les vagues. Quand on aura atteint le but de la vie, il sera évident pour tout le monde que Dieu et la Vérité ne font qu'un ; et tous les chemins conduisent à la même Porte.

96.

Tout comme l'araignée, l'homme aime tisser sans cesse de nouvelles toiles et se prendre toujours dans les filets qu'il a ainsi tendus. Se laissant charmer par les plaisirs des sens, il ne réfléchit pas un instant pour voir combien sont douloureux les coups du malheur, les naissances et les morts. Soyez fermement résolu à briser dès cette vie les liens du *karma* et avancez comme à l'assaut pour couper vous-même les barbelés de *Mâyâ* et les traverser. Si cela ne vous est pas possible, remettez-vous entièrement entre les mains du Seigneur, comme la garnison d'une place assiégée, et Il fera le reste.

97.

Pourquoi ne pouvez-vous pas renoncer à ce que vous savez être un péché, alors que vous pouvez si facilement renoncer à ce qui vous est désagréable ? Distinguez entre le bien et le mal, et fuyez le mal comme le poison. Accumulez des pensées pures et des désirs purs par la constante contemplation de Dieu et l'accomplissement scrupuleux d'actes quotidiens pour le bien d'autrui. Vous pouvez être maître du monde, mais si vous n'êtes pas maître chez vous, il vous sera impossible d'avancer sur la voie du salut.

98.

Pensées et idées résultant de l'expérience de vos vies antérieures édifient vos *samskâras*, vos dispositions instinctives dans la vie actuelle. Ce sont les racines de toutes les servitudes. Elles sont le produit du *karma* et c'est aussi par le *karma* que dans cette vie on peut les éteindre. Tout comme des disques de gramophone, votre vie a une structure résultant des activités de vos vies passées. Notre esprit travaille comme l'aiguille du gramophone à faire revivre les souvenirs du passé et à susciter des activités le long des différents canaux. Plus vous faites de bonnes actions et construisez ainsi des complexes de bonnes pensées et de bonnes idées, et plus les mauvaises tendances s'étiolent. Le feu s'éteint dès que tout le combustible est brûlé ; de même, les bonnes pensées se nourrissent des mauvaises, les réduisent en cendres, et finalement ces dernières s'éteignent elles-mêmes.

99.

Souvenez-vous de Lui, pensez à Lui chaque jour, à chaque heure. Si vous gardez constamment Son nom sur vos lèvres, la durée de votre servitude s'abrégera. Essayez vous-même d'être bon pour autrui, et invitez aussi les autres à travailler dans le même esprit. N'ayez pas d'hésitation à supplier de chanter la gloire de Dieu les gens dont la vie ne montre aucune trace de piété.

100.

Tant que vous vous contentez de clamer au monde : « Ta volonté soit faite ! », sachez que c'est votre propre forte volonté qui trouve ainsi à s'exprimer. Car voyez, quand Sa volonté a trouvé place dans votre cœur, votre volonté et la Sienne fusionnent de telle sorte que vous n'arrivez plus guère à les distinguer l'une de l'autre. Tant que c'est votre volonté qui l'emporte, suivez les rites qu'Il a donnés et acceptez d'un cœur joyeux toutes les conséquences, bonnes ou mauvaises, de ce que vous avez fait. Le véritable amour est un absolu don de soi à la Volonté divine. Avec le temps, vous arriverez à sentir qu'il ne subsiste rien qui soit votre volonté propre ; vous saurez alors que, dans le monde intérieur comme dans le monde extérieur, tout est le jeu de la Volonté divine. En réalité, ce monde, qui est si beau, perd toute sa beauté et toute sa signification si l'on ne se rend pas compte que toutes choses créées avancent pour chercher l'union avec Lui dans toutes les phases de leur évolution.

101.

Chacune de nos actions est faite pour un but. Si elles ne se proposent aucun résultat, elles sont stériles, elles perdent toute grâce et toute harmonie. La seule façon de Le connaître, c'est par l'adoration ou la prière qui nous font entrer de l'extérieur dans le temple le plus secret. La prière est le pont qui relie l'âme universelle à l'âme individuelle. Il faut qu'il y ait communication régulière entre l'une et l'autre, soit pendant le sommeil, soit pendant l'état de veille. Pour purger l'esprit de toute pensée impure, la contemplation du Divin est aussi nécessaire que les médicaments en cas de maladie physique. Pour cela, il vous faut non seulement faire vos prières matin et soir, mais aussi développer et étendre continuellement votre attitude d'adoration envers Lui, tout comme vous vous efforcez d'accroître vos possessions matérielles. Des chants que l'on chante faux, ou pas en mesure, ne plaisent à personne. De même les prières doivent suivre le rythme de la vie. Nous entrons seuls dans le monde et nous en partons seuls aussi ; mais tant que dure cette vie, il faut vivre en harmonie avec les autres créatures. Nous pouvons ne pas connaître Dieu, mais nous connaissons bien ce qu'on appelle la vie ; c'est une opération rythmée. Notre souffle a son rythme et nos prières doivent aussi avoir le leur. Les forces vitales en nous se développent si nous apprenons à employer le rythme de la vie dans nos exercices de dévotion. Pour y arriver, asseyez-vous quelque temps dans un endroit solitaire, relâchez-vous, puis concentrez votre esprit sur Son nom ou sur le *mantra*, en l'accompagnant de votre respiration. Lorsque l'action de respirer et la contemplation du Divin auront été longuement associées dans la pratique, la respiration trouvera son équilibre normal. Alors le corps aura une position stable et l'esprit une orientation fixe. Quand vous en serez là, il sera clair pour vous qu'une grande Vie unique baigne tout l'univers.

EXTRAITS DU CATALOGUE

Spiritualités vivantes / poche

La Bhagavad-Gîtâ, Shrî Aurobindo (n° 1).
Le Guide du Yoga, Shrî Aurobindo (n° 2).
Les Yogas pratiques, Swâmi Vivekânanda (n° 3).
La Pratique de la méditation, Swâmi Sivananda Sarasvati (n° 4).
Lettres à l'Âshram, Gandhi (n° 5).
Sâdhanâ, Rabindranâth Tagore (n° 6).
Trois Upanishads, Shrî Aurobindo (n° 7).
Spiritualité hindoue, Jean Herbert (n° 8).
Jnâna-Yoga, Swâmi Vivekânanda (n° 12).
L'Enseignement de Râmakrishna, paroles groupées et annotées par Jean Herbert (n° 13).
La Vie divine, tome I, Shrî Aurobindo (n° 14).
— Id., tome II (n° 15).
— Id., tome III (n° 16).
— Id., tome IV (n° 17).
Carnet de pèlerinage, Swâmi Ramdas (n° 18).
De la Grèce à l'Inde, Shrî Aurobindo (n° 22).
La Mythologie hindoue, son message, Jean Herbert (n° 23).
L'Enseignement de Mâ Ananda Moyî, traduit par Josette Herbert (n° 24).
Âshrams. Les Grands Maîtres de l'Inde, Arnaud Desjardins (n° 29).
L'art de la réalisation, Chandra Swami (n° 53).
L'Enseignement de Râmana Maharshi, traduit par A. Dupuis, A. Perreli et J. Herbert (n° 58).
La Pratique du yoga intégral, Shrî Aurobindo, textes regroupés, traduits et préfacés par Jean Herbert (n° 66).
Métaphysique et psychologie, Shrî Aurobindo (n° 69).
Yoga-Sutras, traduction du sanscrit et commentaires de Françoise Mazet (n° 89).
Écrits, père Henri Le Saux, choisis et présentés par Marie-Madeleine Davy (n° 91).
Le Yoga de l'Amour, Jean Herbert (n° 100).
Réflexions sur la Bhagavad-Gîtâ, Jean Herbert (n° 127).
Expérience chrétienne et mystique hindoue, Bede Griffiths, préface de M. M. Davy, traduit par C. de Brantes (n° 133).
Le Yoga et saint Jean de la Croix, Swâmi Siddheswarananda (n° 140).

Aux Sources de la Joie, Mâ Ananda Moyî (nº 142).
Présence de Râm, Swâmi Ramdas (nº 148).

Espaces libres

La Tentation des Indes, Olivier Germain-Thomas (nº 38).
Ultimes paroles, Krishnamurti (nº 70).
Henri le Saux, le passeur entre deux rives, Marie-Madeleine Davy (nº 85).

Spiritualités vivantes / grand format

Le Tantrisme. Mythes, rites, métaphysique, Jean Varenne.
Le Maître et le Thérapeute, Jacques Vigne.
Éléments de psychologie spirituelle, Jacques Vigne.
Méditation et psychologie, Jacques Vigne.
Entretiens et causeries, Swâmi Vivekânanda.
Tantra Yoga, le tantra de la « connaissance suprême », Daniel Odier.

Sagesses du monde

L'Inde éternelle, Richard Waterstone. Postface de Jean Varenne.

La Pensée et le sacré

Hindouisme et soufisme. Une lecture du « Confluent des Deux Océans » de Dârâ Shokûh, Daryush Shayegan.

Hors collection

Gandhi l'insurgé. L'Épopée de la Marche du sel, Jean-Marie Muller.

Carnets de sagesse

Paroles des sages de l'Inde, Marc de Smedt.

La composition de cet ouvrage
a été réalisée par I.G.S.-Charente Photogravure,
l'impression et le brochage ont été effectués
sur presse Cameron
par **Bussière Camedan Imprimeries**
à Saint-Amand-Montrond (Cher)
pour le compte des Éditions Albin Michel

Achevé d'imprimer en juin 2000.
N° d'édition : 19267. N° d'impression : 002856/1.
Dépôt légal : juin 2000.